PROTAGONISTI

cover
Lou Reed,
musician, 1998,
color Polaroid,
20 x 24 inches.

back cover
Jodie Foster, actor, 1989,
color Polaroid,
20 x 24 inches.

cover flap
**Timothy
Greenfield-Sanders**, *artist*,
Demetrio Paparoni,
art critic/writer,
2001, color Polaroid,
8 x 10 inches.

page 1
Jessye Norman, *singer*,
1994, b/w contact print,
11 x 14 inches.

page 2-3
Julian Sands, *actor*,
John Malkovich, *actor*,
1994, color transparency,
8 x 10 inches.

page 4-5
Toni Morrison, *writer*,
1997, color Polaroid,
8 x 10 inches.

page 6-7
**Whitney American
Century Group**, *artists*,
1999, color transparency,
8 x 10 inches.

page 12
Hillary Clinton,
First Lady/Senator, 1994,
b/w contact print,
8 x 10 inches.

DEMETRIO PAPARONI

Timothy Greenfield-Sanders

introduction by
FRANCESCO CLEMENTE

ALBERICO
CETTI
SERBELLONI
EDITORE

SOMMARIO
CONTENTS

FRANCESCO CLEMENTE

Ministro dell'occhio

Insigni studiosi ci dicono che "tipi culturali presenti in forme molto simili in ogni società … adempiono funzioni sociali diverse in comunità diverse". Sì, è vero, la nostra vita è popolata di faraoni egiziani, di bibliotecari medievali, di tagliaboschi ottocenteschi e anche di qualche mago. Basta soltanto pensare a qualcuno che conosciamo e immaginarlo trasportato in un tempo e in un luogo in cui le sue attitudini avrebbero potuto trovare una perfetta realizzazione, al di là dei pavidi standard della nostra era incolore.

Può essere vero anche il contrario: siamo convinti che una certa persona appartenga effettivamente a un altro periodo e la consideriamo tanto fortunata da esser venuta al mondo nel nostro tempo, in cui la sua vocazione è pienamente apprezzata. È, questo, il caso di Timothy Greenfield-Sanders. Se fosse nato in una qualche epoca prima della fotografia si sarebbe dovuto contentare di essere un ministro, pastore forse di una minuscola riottosa parrocchia, una congregazione di fedeli diversi per fisionomia, preferenze e convinzioni, eppure unanimi nella devozione a un oscuro culto dell'occhio.

Testimone e ministro dell'occhio, Timothy ne ha appreso l'imparzialità e almeno una volta ha richiesto la visita dei vari membri della congregazione, senza lasciarsi contagiare dalla mercuriale mutevolezza della loro sorte e fama. Li riceve in un'antica sagrestia, austera quanto il suo abito talare, collare bianco e veste nera. Modesto eppure carico di un'aura di superiorità non priva di solidarietà verso i deboli. Rivolge loro il suo saluto con la muta soddisfazione di uno studioso di storia naturale che ha appena scoperto l'esemplare mancante per completare la sua insolita collezione. Il pastore Timothy chiama le sue pecore alla confessione, fiducioso che, dietro le loro manie di grandezza e la loro occasionale brutalità, si nasconda in fondo una natura buona. I volti gli sono cari, poiché in questa sua congregazione, più che in ogni altra, il volto è lo specchio dell'anima il quale rivela sogni e speranze introvabili altrove.

Minister of the Eye

We are told by reliable scholars that "cultural types which occur in very similar forms in every society … are used to fulfill different social functions in different communities." And, yes, it's true, our life is populated by Egyptian pharaohs, medieval librarians, 19th century woodcutters and even a few sorcerers. All we have to do is to imagine someone we know transported to that time and place where his inclinations would have been perfectly fulfilled, beyond the timid standards of our colorless era.

The reverse may also be true. We can envision someone as truly belonging to another age and see them as fortunate enough to be born in ours, where their vocation is fully appreciated. Such is the case of Timothy Greenfield-Sanders. Had he been born in a time before photography, he would have had to be content being a minister, perhaps the pastor of a tiny and wranglesome parish—a congregation disparate in types, preferences, and beliefs, yet unanimous in her devotion to an obscure cult of the eye.

Witness and minister of the eye, Timothy has learned its impartiality and at least once has called on each member of his congregation, unaffected by the quicksilver fickleness of their fortune and fame. He receives them in an ancient sacristy, as austere as his habit, white collar and black coat, modest and yet expressing an aura of superiority not devoid of sympathy for the weak. He greets them with the quiet satisfaction of a natural history scholar who has just located the last specimen he was missing to complete an unusual collection. Timothy, the pastor, calls his lambs to confession, trusting that, beyond their delusions of grandeur and occasional brutality, there lies an ultimately good nature. Faces are dear to him because in this congregation, more than any other, the face is the mirror of the soul and reveals dreams and hopes not to be found anywhere else.

L'icona della storia

L'interesse per il ritratto Timothy Greenfield-Sanders deve averlo ereditato dal padre, un avvocato laureatosi a Harvard, che durante il fine settimana si dedicava alla pittura nel garage di casa. Arnold Merrin Greenfield non pensò mai a una mostra pubblica, il che sorprende, almeno a giudicare dalla qualità di un autoritratto realizzato nel 1996, lo stesso anno della sua morte: una tela ora appesa nello studio della nuora Karin. "Mio padre dipingeva principalmente paesaggi e scene di strade," mi ha raccontato l'artista. "Ma io ero più attratto dai suoi ritratti, spesso di noi ragazzi. È curioso, ma a volte i suoi soggetti erano persone che non gli piacevano. Credo che ritrarle fosse un modo per togliersele dalla mente."[1]

A Miami, dove risiedeva con la famiglia, Arnold Greenfield era anche amico di artisti del luogo, tra i quali Eugene Massin e Audrey Corwin Wright, e non mancava di portare il giovane Timothy con sé quando andava a trovarli in studio. "A mio padre la carriera legale non era mai piaciuta," rammenta Greenfield-Sanders, "lui, veramente, voleva fare l'architetto, comunque non ha mai smesso di dipingere... In casa i suoi quadri erano dappertutto, e qualcuno era veramente notevole."

Entrambi i genitori di Greenfield-Sanders erano cresciuti a Miami ed entrambi avevano studiato a Parigi. La madre, Ruth, aveva anche preso lezioni di pianoforte da Nadia Boulanger (insegnante di Leonard Bernstein e Aaron Copland) e da Arthur Schnabel. "L'artista di famiglia era considerata lei," ricorda ancora Greenfield-Sanders, "suonava costantemente, componeva e dava concerti... a un certo punto nella sala da pranzo c'erano tre pianoforti a coda. Spesso veniva qualcuno a esibirsi insieme a lei, oppure era mia madre a dare piccoli concerti... insomma, musica, musica dappertutto."

Ma soprattutto, nel 1951, in un periodo ancora marcatamente caratterizzato da insofferenze razziali – la fine della segregazione sarebbe stata deliberata dalla Corte Suprema solo nel 1954 – Ruth Greenfield aveva dato vita, a Miami, alla prima scuo-

History's Icon

Timothy Greenfield-Sanders may have inherited his interest in portraits from his father, a Harvard-educated lawyer. Arnold Merrin Greenfield painted on weekends in the garage and never thought of exhibiting his art publicly, which is surprising given the quality of a self-portrait he painted in 1996, the year of his death, a canvas now hanging in the office of his daughter-in-law Karin. Timothy Greenfield-Sanders himself said to me: "My father mostly painted landscapes and street scenes, but I was more interested in his portraits, often of us children. Strangely enough, he sometimes painted portraits of people he didn't like. I think it was a way of getting them out of his mind."[1] In Miami, where the family lived, Arnold Greenfield was also a friend of local artists like Eugene Massin and Audrey Corwin Wright, and he often took his son Timothy along when he went to see them in their studios. "My father never loved practicing law," Greenfield-Sanders recalls, "he really wanted to be an architect, but he never stopped painting... His paintings were all over the house. A few are very good."

Both of Greenfield-Sanders' parents grew up in Miami, and both had been students in Paris, where his mother, Ruth, studied the piano with Nadia Boulanger (also the teacher of Leonard Bernstein and Aaron Copland) and Arthur Schnabel. "My mother was much more the artist in the family," Greenfield-Sanders continues. "She was constantly playing, composing, and working on concerts... at one point she had three grand pianos in the living room: it was a very large house. People would come to perform with her, or she'd hold small concerts... it was music, music everywhere."

Possibly more importantly, in 1951, Ruth Greenfield opened the first integrated school of music, art, dance, and drama in the southern United States. This was a time still marked by widespread racial prejudice: the end of segregation would only be mandated by the Supreme Court in 1954. Timothy made several lasting friendships there that would influence his creative life.

Another influence was Timothy's uncle, David Wolkowsky, who lives in Key West

Timothy Greenfield-Sanders, **Self-portrait**, 1987, b/w contact print, 11 x 14 inches.

Arnold M. Greenfield,
Self-portrait, 1996,
oil on canvas,
9 x 12 inches.

Elaine de Kooning,
Joop Sanders, 1945 ca.,
14 x 18 inches.

la di musica, arte, danza e drammaturgia nel Sud degli Stati Uniti aperta sia ai bianchi sia ai neri. In quelle aule Greenfield-Sanders ha coltivato rapporti umani duraturi che sono stati importanti per la sua attività creativa.

A rendere ulteriormente ricca la cerchia delle frequentazioni c'era poi lo zio David Wolkowsky, che vive a Key West, la cittadina in cui la famiglia ha le sue radici a partire dagli anni intorno al 1880. "Lo zio David è sempre stato un grande amico e patrocinatore degli scrittori che passano l'inverno a Key West. Mio nonno conosceva Hemingway, naturalmente. E durante la mia adolescenza io e mio fratello Charles andavamo in autobus fino a Key West per pescare e per fare un giro. Qualche volta finivamo a casa dello zio a condividere la nostra preda con Tennessee Williams o Truman Capote." Insomma, il giovane Timothy è vissuto in un ambiente in cui arte e cultura erano la realtà quotidiana. Diciottenne, Greenfield-Sanders decide di proseguire gli studi di storia dell'arte alla Columbia University di New York. All'ultimo anno di frequenza conosce Karin Sanders, figlia del pittore Joop Sanders, uno dei fondatori del movimento espressionista astratto e uno dei dieci membri originari del "club". Ancora giovane, Joop Sanders aveva lasciato l'Olanda alla volta di New York. Qui era divenuto amico di Elaine e Willem de Kooning – a una parete del soggiorno di casa Greenfield-Sanders è appeso un ritratto che Elaine de Kooning fece a Joop Sanders nel 1945 – e di altri espressionisti astratti, insieme ai quali espose nello storico *9th Street Show* del 1951. Fu dunque il padre di Karin che presentò a Timothy gli artisti della propria generazione, molti dei quali – per esempio i de Kooning, Larry Rivers e Robert Rauschenberg – divennero i soggetti dei primi ritratti fotografici da questi realizzati.

Per Greenfield-Sanders il ritratto rappresenta qualcosa di più d'una riproduzione speculare: è il luogo in cui il pensiero affronta e neutralizza il rischio della perdita, è la possibilità di percorrere l'assenza, è l'accettazione dell'idea che l'individuo esista al di là della sua quotidianità. È il carico di umanesimo del quale l'esistere è portatore. "Di tutti gli artisti che lavorano nel contesto del campo cromatico," ebbe una volta a dire Barnett Newman a Joop Sanders, "tu mi sembri l'unico che, come me, è interessato allo spirito umanista della pittura."[2] Tale "spirito umanista" è caro anche a Greenfield-Sanders, il quale indaga il rapporto fra l'individuo e le molte regole che governano il comportamento e le convenzioni sociali della nostra epoca. Vediamo perché.

Una galleria di ritratti di personaggi noti, o che comunque lo potrebbero diventare per il rilievo del loro ruolo in un ambito specifico, rimanda all'idea di successo. Ora, il successo, uno dei pilastri sui quali si fonda ogni società a capitalismo avanzato, svela due volti di tale società: per un verso esso implica un'affermazione di potenza, per l'altro, sottraendo spazio alla dimensione privata, limita la libertà dell'individuo. Il successo poi, com'è noto, può essere effimero. Per questo il volto di un protagonista può restare nel tempo solo laddove si trasformi in icona. Il primo a comprendere in tutte le sue sfaccettature questa realtà fu Andy Warhol, che negli anni Settanta indagò la potenza dell'icona e la capacità di quest'ultima di rendere immortale il soggetto ritratto, qualunque esso sia: il volto di uno statista, quello di un attore, una scatoletta di zuppa di fagioli, una sedia elettrica o un incidente stradale. Così da Warhol in poi il *ritratto d'autore* e l'immagine filmica hanno assunto una nuova valenza simbolica: appropriandosi indistintamente di tutte le immagini diffuse dai media e trasformandole in icone, Warhol testimonia che per passare alla storia è ora necessario imboccare la via della notorietà e puntare diritto alla celebrità.

Il progetto di Greenfield-Sanders di creare una galleria di ritratti si deve principalmente a una concezione della storia come insieme di eventi determinati dai singoli

where the family roots go back to the 1880's. "Uncle David has always been a great friend and patron of the writers who winter in Key West. My grandfather knew Hemingway, of course, and when I was in my early teens my brother Charles and I used to take the bus to Key West to fish and hang out. Sometimes we'd end up sharing our catch with Tennessee Williams or Truman Capote at my uncle's house." In short young Timothy was brought up in an environment where art and culture were daily staples.

At eighteen, Greenfield-Sanders decided to study art history at Columbia University in New York. In his senior year he met Karin Sanders, the daughter of the painter Joop Sanders, who had been one of the founders of the abstract expressionist movement and one of the ten original members of the "club". As a young man, Joop Sanders had left the Netherlands for New York, and had become friends with Elaine and Willem de Kooning—a 1945 portrait of Joop Sanders by Elaine de Kooning hangs in the Greenfield-Sanders' living room. He also made friends with other abstract expressionists and exhibited together with them in the famous *9th Street Show* of 1951. Karin's father introduced several artists of his generation to Timothy, many of whom, including the de Koonings, Larry Rivers, and Robert Rauschenberg, became Timothy's first portrait subjects.

For Greenfield-Sanders portraits are more than mirror images: they are the locus in which thinking comes to grips with, and overcomes the anxiety of loss. They make the contemplation of absence possible and represent the acceptance of the idea that an individual exists beyond his everyday reality. It has to do with the sheer humanity borne by *existence*. Barnett Newman once said to Joop Sanders, "Of all the painters working in color field painting, to me you seem to be the only one who concerns himself with the humanist spirit in painting like I do."[2] This "humanist spirit" is also important to Greenfield-Sanders as he explores the relationship of the individual to the plethora of rules that govern the behavior and social conventions of our age. Let's see why.

A series of portraits of well-known or potentially well-known people in a given field calls up the idea of "success". Now, success, one of the pillars on which advanced capitalism is based, reveals two sides of this society: on the one hand, it is a statement about power, on the other, by reducing private space, it puts a stranglehold on the individual. But, as we know, success can be ephemeral. The faces of the famous can only remain permanently recognizable when they are transformed into icons. The first one to fully realize this was Andy Warhol, who, in the Seventies, investigated the power of icons and their capacity to render the subject portrayed immortal, whoever or whatever it was: a politician, an actor, a can of bean soup, an electric chair or a road accident. From Warhol onwards the *artists' portrait* and the film image have gained a new symbolic importance. By using images appropriated from mass media and transforming them into their equivalent icons, Warhol demonstrated that to become part of history you had to first become a celebrity and then immediately push for ultimate fame. Greenfield-Sanders' project of creating a gallery of portraits derives mainly from the fact that, for him, history is a totality of events determined by single individuals. If you see artists, scientists, actors, musicians, architects, writers, dealers or politicians as projections of their own endeavors, then they become Heroes of modernity and transcend their private dimensions: they are no longer seen for their role in daily life, but for the meaning of their deeds. This is how Greenfield-Sanders demonstrates that history does not have a teleological orientation, that it is not proceeding towards an inevitably better tomorrow. Man creates history and he chooses how to mould it. This vast library of faces with all its load of humanism therefore makes clear how the indi-

Timothy
Greenfield-Sanders,
**Joop Sanders
painting in his studio**,
late 1970's,
black and white print,
11 x 14 inches.

Timothy
Greenfield-Sanders,
**Karin
Greenfield-Sanders**,
1983, color print,
from 35 mm negative.

individui. Visti come proiezione del proprio lavoro, artisti, scienziati, attori, musicisti, architetti, scrittori, galleristi o politici trascendono, autentici Eroi della modernità, ogni dimensione privata: non è più al quotidiano che essi rimandano, ma al significato delle loro gesta. Greenfield-Sanders dimostra così che la storia non è orientata in senso teleologico, non procede cioè inevitabilmente verso un domani migliore: l'uomo ne è l'artefice e spetta a lui dunque la scelta di configurarla. Ecco, questa enorme galleria di volti, con il suo carico di umanesimo, evidenzia come oggi l'individuo non abbia un orizzonte protettivo cui far riferimento. Deve essere artefice del proprio destino, così come accadeva alla fine del Medioevo, alle soglie cioè della concezione umanistico-rinascimentale – lo rileva bene Jacob Burckhardt nel suo classico studio sulla civiltà del Rinascimento in Italia. Non a caso recentemente il sociologo Ulrich Beck ha individuato un parallelismo fra la visione tardo-medievale e quella postmoderna.

L'umanesimo di Greenfield-Sanders consiste nel privilegiare la forza dell'arte, della scoperta o dell'intuizione, anteponendo tutto ciò al successo, il quale è invece sentito come una violenza antiumanistica. Ecco perché i soggetti che affollano il suo pantheon sono tanti, ecco perché accanto a volti famosi ce ne sono molti altri meno noti, eppure presenti per il valore intrinseco del loro operato: Greenfield-Sanders contrappone una visione poetica dell'esistere a quella di chi, come Warhol, considera il successo una condizione essenziale del valore dell'arte.

Lo stesso umanesimo lo si ritrova nel lavoro di un altro grande artista dei nostri giorni, Peter Halley, il quale ha scelto di porre l'individuo e le sue relazioni con la società al centro della propria pittura astratto-geometrica. Il legame tra Greenfield-Sanders e Halley va così al di là della reciproca stima e amicizia, è la complicità di coloro che sottopongono la condizione dell'uomo contemporaneo a un'analisi in cui la dimensione descrittiva e quella critica si intrecciano continuamente. Spetta insomma agli artisti creare nuove consapevolezze e operare scelte a favore di una società sempre più libera. Ciò è praticato a ogni livello, vale a dire dibattendo le grandi tematiche esistenziali, ma anche incidendo sul proprio quotidiano. Emblematica in tal senso appare la scelta dei giovani Timothy Greenfield e Karin Sanders – quando, nel 1977, si sono sposati – di unire i loro cognomi, usanza rara che esprime la volontà di conferire pari dignità agli elementi della coppia.

Greenfield-Sanders è uno tra più rappresentativi ritrattisti dell'era postmoderna, di cui incarna una punta estrema sia per l'eleganza delle foto sia per la spregiudicata capacità di attingere a tradizioni diverse e contrastanti. Egli ha dato vita a un proprio stile che non mira a essere considerato nuovo e che tuttavia lo è. Nei suoi ritratti riecheggiano la tecnica e la determinazione di Nadar nel catalogare volti che caratterizzarono un'epoca di grandi invenzioni, quale fu la seconda metà dell'Ottocento, ma emerge anche, forte, la lezione di Andy Warhol. L'intuizione di far convivere Nadar con Warhol apre a un nuovo, imprevedibile equilibrio, sicché la matrice dei ritratti di Greenfield-Sanders appare subito riconoscibile e rimanda esclusivamente al loro autore.

L'artista stesso dichiara apertamente il suo debito nei confronti di Nadar e di Warhol. Nella Parigi ottocentesca, il primo ha fotografato protagonisti del mondo culturale, tra i quali Charles Baudelaire (lo ha ritratto tante volte quante Greenfield-Sanders ha ritratto Francesco Clemente, Peter Halley, Jasper Johns, Cindy Sherman, Mike e Doug Starn e Lou Reed – ognuno ha le sue predilezioni), Hector Berlioz, Camille Corot, Gustave Courbet, Honoré Daumier, Eugène Delacroix, Gustave Doré, Alexandre Dumas, Victor Hugo, George Sand, Gérard de Nerval, Edouard

Timothy
Greenfield-Sanders,
Andy Warhol, 1977,
b/w print, from 35 mm
negative.

Timothy
Greenfield-Sanders,
Peter Halley, 1992,
color Polaroid,
20 x 24 inches.

vidual today has no protective horizon to refer to. He has to be the maker of his own destiny, just as happened in the late Middle Ages, on the threshold, that is, of the humanistic-renaissance ideal—as Jacob Burckhardt documented so well in his classical study of the Renaissance in Italy. It is not by chance that the sociologist Ulrich Beck has recently discerned a parallel between the visions of the late Middle Ages and Postmodernism.

Greenfield-Sanders' humanism consists of incorporating the power of art, discovery and intuition, and in placing this against success, which, on the contrary, he sees as anti-humanistic violence. This is why the subjects crowding his pantheon are so numerous, and why along with so many well-known faces there are also many that are not so well known but who are present because of the intrinsic value of what they have done. Unlike Warhol, Greenfield-Sanders sets a poetic vision of existence against the ideal of those who consider success an essential part of the value of art.

This humanism can be seen in the work of Peter Halley, another important contemporary artist who has also chosen to place the individual and his relationships with society at the core of his abstract-geometric painting. Greenfield-Sanders' friendship with Peter Halley goes beyond mutual respect to a complicity based on an analysis of contemporary man in which both descriptive and critical dimensions interact. In other words, it is up to the artists to create a new awareness and make choices in favor of an increasingly liberal society. This they do at all levels, not only by debating the great existential themes, but also in their own daily lives. The choice of the young Timothy Greenfield and Karin Sanders to join their names when they got married in 1977, is emblematic of this attitude: it was an usual decision which expressed a desire that equal dignity be given to both parties.

Greenfield-Sanders is one of the most representative portraitists of the postmodern age which he represents in an extreme way both for the elegance of his photos and for his unbiased ability to use different contrasting traditions. He has originated a style that does not want to be new and yet is new just the same. In his portraits we find reminders of Nadar's technique and determination to catalogue the characteristic faces of such an age of great inventions as the second half of the nineteenth century. But we also see the lesson of Andy Warhol quite clearly. Greenfield-Sanders' idea of juxtaposing Nadar and Warhol led to a new and unexpected harmony that renders his portraits immediately recognizable and identifies them as being photographs made by him and no one else.

Manet, Jean-François Millet; nella New York degli anni Settanta per Warhol hanno posato tra gli altri Leo Castelli, Brigitte Bardot, Gianni e Marella Agnelli, Yves Saint-Laurent, Bianca Jagger, Brooke Hopper e l'acclamato stilista Halston. Al concetto di "personalità" affermato da Nadar, Warhol ha però sostituito quello di "presenza", nel senso che l'esibizionismo consumistico, la ricercatezza nell'abbigliamento, la partecipazione ai party più mondani o alle prime più attese, la conoscenza dei luoghi di ritrovo più trendy, l'essere al centro dell'attenzione dei rotocalchi più alla moda, in una parola l'esser ricchi e famosi, costituivano per l'artista pop meriti che andavano ben al di là del valore intrinseco della persona. Per Warhol nulla di ciò che fotografava aveva valore se non era legittimato dai mass media. E i suoi soggetti sembravano condividere questo convincimento, così davano la sensazione di voler posare per lui – anche pagando – esclusivamente perché animati dal desiderio di passare alla storia.

Come Nadar, Greenfield-Sanders si è votato al progetto di un pantheon delle glorie

contemporanee, come Warhol è attratto dal carisma dell'uomo di successo o di potere. Guarda alla storia con l'occhio di colui che valuta, cataloga e classifica. In tal modo, incarna una figura d'artista che ingloba anche quella del critico e dello storico. È sicuramente questa attitudine che lo porta a escludere qualunque implicazione sessuale e a schivare muscolature esagerate o elementi che possano accentuare la struttura narrativa dell'immagine – caratteristica questa che differenzia notevolmente le sue foto da quelle di Robert Mapplethorpe, il quale non mirava a catalogare e non rinunciava ad affidare la foto a una struttura narrativa.

La catalogazione appartiene alla storia della conoscenza umana – dai primi inventari dei templi babilonesi all'*Encyclopédie* settecentesca, dagli otto libri della *Geografia* di Tolomeo nel secondo secolo d. C. ai recenti CD-ROM, dai poemi omerici a Internet, gli esempi sono infiniti. Ovvio che si trovino catalogatori significativi anche nell'arte più recente, basti pensare a Marcel Broodthaers, Christian Boltanski, Haim Steinbach, Philippe Thomas, Mark Dion. In relazione a Greenfield-Sanders il riferimento più pregnante è tuttavia a Hilla e Bernd Becher, i quali, dalla seconda metà degli anni Sessanta a oggi, nell'intento di conservarne il ricordo, hanno fotografato serbatoi d'acqua, miniere di carbone, capannoni industriali, ciminiere, catalogando un mondo industriale di cui si sta perdendo memoria.

Greenfield-Sanders has no problem in acknowledging his debt to Nadar and Warhol. In the Paris of the nineteenth century, Nadar photographed the protagonists of the cultural world like Charles Baudelaire (whom he photographed as often as Greenfield-Sanders photographed Francesco Clemente, Peter Halley, Jasper Johns, Cindy Sherman, Mike and Doug Starn, and Lou Reed: we all have our favorites), Hector Berlioz, Camille Corot, Gustave Courbet, Honoré Daumier, Eugène Delacroix, Gustave Doré, Alexandre Dumas, Victor Hugo, George Sand, Gérard de Nerval, Edouard Manet, and Jean-François Millet. In the New York of the 1970s, those who posed for Warhol included Leo Castelli, Brigitte Bardot, Gianni and Marella Agnelli, Yves Saint-Laurent, Bianca Jagger, Brooke Hopper, and Halston. Warhol, though, replaced Nadar's concept of "personality" with that of "presence": for him consumerist exhibitionism, dressing stylishly, being seen at the most fashionable parties and the most important openings, knowing the trendiest places, being featured in the top magazines—in short, being rich and famous—were merits that went far beyond the intrinsic value of an

Jean-Auguste-Dominique Ingres, **Françoise Poncelle Leblanc**, 1823, detail.

Félix Nadar (Gaspard-Félix Tournachon), **George Sand**, 1864.

Timothy Greenfield-Sanders, **Betty Friedan**, 1984, b/w print, from 2 1/4 x 2 1/4 negative.

individual. He was only interested in something or someone who had first been legitimized by the mass media, and his subjects seemed to agree. Eventually, they paid to pose for him simply to be a part of history.

Like Nadar, Greenfield-Sanders has dedicated himself to building a pantheon of contemporary celebrities, and like Warhol he is attracted by the charisma of successful or powerful people. He looks at history with the eyes of one who evaluates, catalogs, and classifies both. In this way he embodies the figure of an artist who is also a critic and an historian. For this reasons he excludes overt sexual signifiers and avoids exaggerated musculature or other elements that might introduce too much situational narrative into the image. This attitude is what most differentiates him from Robert Mapplethorpe, who had no interest in cataloging and who almost always based his photos on some sort of narrative.

Cataloging has been a foundation of the history of human knowledge, from the earliest Babylonian temple inventories to the eighteenth century *Encyclopédie*, from Ptolemy's eight geography books of the second century AD to the latest CD-ROMs, from Homeric poetry to the Internet—the examples are infinite. Obviously we also find significant cataloguers in recent art: Marcel Broodthaers, Christian Boltanski, Haim Steinbach, Philippe Thomas, and Mark Dion, just to mention a few. In the world of pure

Bernd and Hilla Becher,
Mannheim, Germany,
1978, 23.625 x 19.625
inches. Courtesy:
Sonnabend, New York.

right
Bernd and Hilla Becher,
Water Towers, 1988,
67 x 129 inches.
Courtesy: Sonnabend,
New York.

Timothy
Greenfield-Sanders,
April Gornik, 1987,
b/w contact print,
11 x 14 inches.

right
Timothy Greenfield-
Sanders' exhibition
Art World, Mary Boone
Gallery, New York, 1999.

A un primo esame, la differenza tra il lavoro dei Becher e quello di Greenfield-Sanders sembrerebbe profonda, non foss'altro perché i primi sono stati identificati dalla critica come "concettuali" e fotografano architetture, mentre il secondo è più interessato a questioni puramente formali e si concentra su soggetti umani. Eppure, a ben guardare, tra i due lavori non mancano forti punti di contatto. Entrambi, per esempio, operano in opposizione alla fotografia sperimentale degli anni Venti e a quella soggettiva degli anni Cinquanta, entrambi ritengono che sia il soggetto a determinare il modo in cui dev'essere fotografato, soprattutto evitano di trasferire su di esso le proprie emozioni. E ancora, entrambi, in quanto artisti, rifuggono dal reportage, eppure finiscono per fare reportage. Infine, un paesaggio industriale invecchia e muore così come avviene alle persone. "Ci era di stimolo il pensiero che questi paesaggi industriali non sono affatto eterni," ha affermato Hilla Becher, "hanno una vita media di circa cinquant'anni, durante i quali tuttavia si trasformano di continuo. Sono delle architetture nomadi, che mutano e seguono dei cicli proprio come la natura."[3] Si può concludere che esse sono anche icone, esattamente come i soggetti di Greenfield-Sanders. Ma soprattutto, i Becher e Greenfield-Sanders sono accomunati dalla convinzione che non è necessario inserire un soggetto in una composizione – anche se nel fotografare un sito industriale, per quanto lo si voglia isolare, occorre "mettere in evidenza i suoi legami con l'ambiente circostante".[4] Un oggetto si può cioè fissare fotograficamente con lo stesso spirito con cui Diderot e D'Alembert ne mostravano l'immagine nell'intento di catalogare il sapere. È vero che alla galleria Mary Boone di New York, nel 1999, Greenfield-Sanders intitola la sua mostra *Art World* e non *The Art World*, il che lascia intendere che la scena dell'arte lì catalogata non è considerata esaustiva. Ma è altrettanto vero che l'alto numero di personaggi ritratti – settecento – indica un desiderio di universalità: se fosse stato possibile, Greenfield-Sanders avrebbe incluso indistintamente tutti gli artefici di quel mondo. Mancano personaggi scomparsi prima che egli iniziasse la sua catalogazione del presente – Jackson Pollock, Franz Kline, per esempio – e altri che non ha ancora avuto modo di ritrarre. Ciò nonostante è evidente che, come già per Nadar e per i Becher, il fine è l'enciclopedia, quel Grande Libro attraverso cui, nel Settecento, si dà corpo alla prima sistematizzazione di matrice laica delle conoscenze di un'epoca. Proprio l'*Encyclopédie* di Diderot e D'Alembert esprime infatti il tentativo più significativo di sottrarre l'individuo all'arbitrio di un'interpretazione clericale e dogmatica. Questo ci aiuta a capire come la vastità della ricerca di Greenfield-Sanders possa rappresentare, da parte sua, lo sforzo di sottrarre uomini di cultura e di scienza al potere di chi vorrebbe ridurre il sistema politico, scientifico e artistico a pochi nomi ufficiali.

Sin dagli inizi Greenfield-Sanders non cerca nella tecnologia il risultato formale d'eccezione, non vuole stupire con ideazioni che rispecchino le possibilità offerte dall'ultima generazione di apparecchi fotografici. Nella seconda metà degli anni Settanta, quando era ancora studente all'American Film Institute di Los Angeles, per i cortometraggi si serviva di una Super 8, mentre per le foto utilizzava una Nikormat 35 mm, alla quale, nel 1977, avrebbe affiancato una Nikon F2. Nello stesso periodo cominciò anche a usare una Hasselblad. L'anno successivo – il fatto è noto, ma è bene ricordarlo – nell'appartamento di un amico di Los Angeles trova per caso, nascosta fra i libri, una vecchia Fulmer & Schwing 11 x 14 pollici (28 x 35 cm) del 1905. Se ne appropria in cambio di pochi dollari. La vuole innanzi tutto perché gli piace come oggetto in sé, e in secondo luogo perché sta pensando alle foto di grande formato.

Quell'apparecchio, risistemato, gli appare subito una buona soluzione per vari pro-

Timothy
Greenfield-Sanders,
First 11 x 14 camera,
1978, b/w print,
from 2 1/4 x 2 1/4
inches negative.

Diego Rodriguez de Silva
y Velázquez,
Innocenzo X, 1650.

blemi con cui deve misurarsi quando scatta i suoi ritratti. È ovviamente necessario sostituire l'ottica – quella originale è ormai inservibile – e se la procura in un negozio di vecchi apparecchi fotografici di Hollywood. Risolve poi il problema della luce. "Dopo i primi scatti," mi dice l'artista, "ho trovato il modo di agganciare una luce stroboscopica all'obiettivo, il che mi ha permesso di lavorare con più luce e un tempo di esposizione più veloce. In origine si scattava, logicamente, con la luce naturale e con esposizioni lunghe parecchi secondi. Con il mio otturatore artigianale ero in grado di ridurre l'esposizione a 1/30 di secondo." Rimane ancora l'obbligo per il modello di restare immobile, altrimenti riesce sfocato. Quanto all'illuminazione, Greenfield-Sanders vuole che sia il più possibile simile a quella naturale, perciò decide di proiettarla, con parsimonia e minima intensità, da un'unica direzione. Prima della Fulmer & Schwing egli era solito scattare molte foto in piccolo formato, con la Fulmer & Schwing gli scatti si riducono a due o tre per seduta. Non soltanto per una scelta tecnica, ma anche perché le pellicole per quel tipo di macchina scarseggiano e sono alquanto costose. "Quando ho fotografato Cindy Sherman, nel 1980," ricorda, "ho eseguito un solo scatto!" Questa situazione lo obbliga a riconsiderare teoricamente il suo metodo operativo: ora ogni scatto conta, il fotografo deve perciò sia acuire la sua concentrazione, sia riuscire a ottenere dal soggetto una risposta ottimale al primo tentativo, niente nervosismi, niente replay. L'impianto formale è dunque determinato da scelte preordinate che Peter Halley ha descritto con forte capacità di sintesi: "L'illuminazione che Greenfield-Sanders usa è abbastanza semplice: in studio illumina quasi sempre i suoi soggetti dall'alto e da destra. Nonostante l'evidente ripetitività di questa tecnica, è capace di raggiungere infinite sfumature di effetti scultorei ... nel suo spazio tridimensionale egli mette a fuoco soltanto uno stretto piano bidimensionale. Di solito risultano perfettamente a fuoco gli occhi del modello, mentre le mani, i vestiti e altre parti del viso sono più o meno sfocati a seconda della loro distanza dal piano focale. Da un punto di vista formale, Greenfield-Sanders è senz'altro un minimalista. E come accade nel caso di ogni minimalista di successo, ciascun elemento apparentemente semplice ha invece più livelli di significato. Perciò l'obiettivo fuori fuoco costringe l'attenzione a bloccarsi sugli occhi del modello; allo stesso tempo ci rende consapevoli della trasformazione dello spazio fisico in un piano bidimensionale".[5]

Un aspetto importante dell'arte di Greenfield-Sanders è dunque la sua necessità di mettere fuori fuoco una parte del soggetto. La tecnica è talmente estranea alla ritrattistica contemporanea da poter essere considerata innovativa. In realtà non è così: per esempio, vengono in mente i bottoni del mantello color porpora dell'*Innocenzo X* di Velázquez (1650): osservati da vicino non si riesce a percepirli con chiarezza, si ha la sensazione di trovarsi davanti una massa astratta; se invece ci si allontana dal quadro la luce conferisce profondità alle pieghe della veste e dà forma ai bottoni, anche se tuttavia non si riesce a contarli: sono lì, dinanzi a te, eppure non dicono quanti sono.

Analogamente, la definizione degli occhi del soggetto fotografato obbliga l'osservatore a dirigere il proprio sguardo nello sguardo del ritratto. E ritorniamo all'*Innocenzo X*: gli avambracci del pontefice, adagiati sulla poltrona, costituiscono i due lati di un triangolo il cui vertice è dato dal copricapo. Questi due assi, incrociando lo sguardo del papa, conferiscono maggiore intensità alla sua espressione, costringendo chi osserva il dipinto a concentrarsi sugli occhi che, perfettamente "a fuoco", emergono in primo piano.

Il raffronto vale a dimostrare la complessità del lavoro di Greenfield-Sanders. I suoi ritratti sono ricchi di dettagli che rimandano a dipinti antichi: si pensi alla foto di

Timothy
Greenfield-Sanders,
Sherry Levine, 1987,
b/w contact print,
11 x 14 inches.

Timothy
Greenfield-Sanders,
Brian Goodfellow,
1979, b/w contact print,
11 x 14 inches.

photography, Greenfield-Sanders could be placed with Hilla and Bernd Becher, who, from 1965 on, have recorded and catalogued water tanks, coal mines, industrial storehouses, smokestacks, and so on, archiving a quickly-vanishing industrial landscape.

At first glance, the difference between the work of the Bechers and that of Greenfield-Sanders might seem great, if only for the fact that the former have been considered "conceptualists" and they photograph architecture, while the latter is interested in more purely formal matters and concentrates on human subjects. Yet their body of work has some noteworthy points in common with Greenfield-Sanders'. For instance, both projects work in opposition to the experimental photography of the Twenties and the subjective photography of the Fifties. Both think the subject determines the way in which it is photographed. Both avoid transferring their own emotions onto the subject. Both shun reportage because they are artists, and yet end up doing it. And industrial landscapes grow old and die just like people do. "What stimulated us was the idea that these industrial landscapes are not in the least eternal," Hilla Becher said. "They have an average life of about fifty years during which time, though, they continue to change. It is nomadic architecture that changes and follows its own cycles just as nature does."[3] We can conclude, therefore, that they are icons, just like Greenfield-Sanders' subjects are. But above all, the Bechers share with Greenfield-Sanders a conviction that it is not necessary to insert a subject into a composition—even though, when photographing an industrial site, no matter how much you want to isolate it, you must "underline its links to the surrounding environment."[4] One can fix something photographically in the same spirit with which Diderot and D'Alembert used images in their catalogs of knowledge. Greenfield-Sanders called his show at the Mary Boone Gallery in New York in 1999 *Art World* and not *The Art World*, and the missing definite article suggests that the art scene the show catalogued was not considered complete. Still, the vast number of people portrayed—seven hundred—reveals a desire for universality. Had it been possible, Greenfield-Sanders would have included all the members of that world without distinction. Those who died before he even began cataloging the present—Jackson Pollock and Franz Kline, for instance—and some he has not yet been able to portray are missing. But even so, he is clearly aiming, like Nadar and the Bechers before him, at an *encyclopedia*, that is the Great Book through which, in the eighteenth century, the first secular systematization of the knowledge of an age was embodied. As the *Encyclopédie* of Diderot and D'Alembert endeavored to remove the individual from the dictates of clerical and

Timothy Greenfield-Sanders,
Cindy Sherman, 1980,
b/w contact print, 11 x 14 inches.

dogmatic interpretation, Greenfield-Sanders' vast inquiry attempts to free the throng of people responsible for culture and science from reductionists who would like to reduce them to a few big names.

Greenfield-Sanders has never relied on technology as an aid to obtaining flashy formal results; he has never wanted to dazzle us with the possibilities offered by the latest, state-of-the-art equipment. Around 1975, when he was a student at the American Film Institute in Los Angeles, he used Super-8 film for his short movies and a Nikormat 35mm for his photographs. In 1977, he added the Nikon F2 and also began using a Hasselblad. Later that year he happened to discover a 1905 Fulmer & Schwing 11 x 14 inch view camera hidden by piles of books in a friend's library. He bought it from him for a few dollars. He wanted to have it first because he liked it as an object and only secondly because he had been thinking about making large-format photos.

But once he had replaced the original, unusable lens with a "new" one—found in an old camera junk shop in Hollywood—the repaired camera seemed to offer a solution to several questions he had been wrestling with in his portraiture. There were also other problems, the first of which was lighting. "After the first few shots," Greenfield-Sanders told me, "I figured out a way to hook up a strobe light to the lens and was able to work with more light and a quicker exposure time. The old way of shooting was, of course, with natural light, with long exposures of several seconds. With my handmade shutter-switch I was able to reduce the exposure to 1/30th of a second." Even so his subjects had to stay still because movement could take them out of the narrow depth of focus. Greenfield-Sanders wants his light to be as similar to natural light as possible, so he lights his subject sparingly from one side, with minimal fill. Before finding the Fulmer & Schwing, he usually shot numerous small-format photographs, but with it, he began shooting just two or three exposures per sitting. This wasn't just because of technical limitations, but because the type of large-format film he used was hard to find and extremely expensive. "When I shot Cindy Sherman in 1980," he remembers, "I took only one exposure!" This, in turn, obliged him to reconsider the theory underlying his methods: the photographer had to really know what he was looking for in a portrait, to concentrate more, and to make each frame count. No nervousness, no replay. The formal layout would have to be decided on ahead of time. Peter Halley described all this most succinctly: "Greenfield-Sanders' lighting is quite simple. In the studio, he almost always lights his subject from the upper right. Despite the apparent repetitiveness of this technique, he is able to achieve endless nuances of sculptural effect ... only a narrow two-dimensional plane in his three-dimensional space is in focus. Usually the sitter's eyes are in sharp focus, while the hands, clothing, and even other parts of the face are more or less blurred in relation to their distance from the focal plane. Formally, Greenfield-Sanders is very much a minimalist. As with any successful minimalism, each seemingly simple element must carry multiple levels of meaning. Thus, the out-of-focus lens rivets our attention to the sitter's eyes; at the same time it makes us aware of the transformation of physical space onto a two-dimensional plane."[5]

So the need to leave a part of the subject out of focus is an important element in Greenfield-Sanders' art. This technique is so different from most other contemporary portraiture that it might be called innovative. And yet... look, for example, at the buttons on the purple robe of the portrait of *Innocent X*, which Velázquez painted in 1650: if they are seen close up, it is difficult to perceive them clearly, they look like an abstract mass. From a distance, however, the lighting adds depth to the folds of the robe and gives the buttons form, but they still cannot be counted. They are right in front of you and yet, you cannot tell how many there are.

Similarly, the definition of the subject's eyes in a Greenfield-Sanders photo forces the

Howard Hodgkin (1990) e la si accosti all'*Autoritratto* (1669) di Rembrandt; oppure ancora alla foto di Julian Schnabel (1986), in qualche modo imparentata con il *San Matteo* di Caravaggio (1660). Nei ritratti dei due artisti americani il rosso – la sciarpa di Hodgkin e i risvolti del mantello di Schnabel – ha la medesima valenza espressiva che rivestiva nei quadri della tradizione. In queste foto, inoltre, la luce investe il soggetto con modalità che ricordano in primo luogo la ritrattistica ottocentesca, quella di Ingres in particolare. E probabilmente è proprio Ingres a fare da comun denominatore tra Greenfield-Sanders e Nadar: nelle opere dei tre artisti i soggetti sono sempre fissi, quasi inespressivi, stagliati per lo più davanti a un fondale omogeneo, accomunati dall'assenza di gesti teatrali. Ben si addice a tutti loro ciò che Peter Halley ha scritto a proposito: "L'atteggiamento di Greenfield-Sanders è rispettoso: non sonda né cerca difetti nel modello. Eppure, dalla situazione formale e controllata in cui lavora nascono immagini di grande potere psicologico. Mentre taluni fotografi cercano di catturare un momento o un'espressione, una foto di Greenfield-Sanders definisce il suo soggetto in modo più atemporale".[6]
Nella sua lettura del lavoro di Greenfield-Sanders, la critica americana ha raramente ritenuto di dover indagare le relazioni con l'arte del passato, preferendo invece incentrare ogni comparazione critico-formale e teorica sull'opera di Andy Warhol. Una per tutte l'acuta analisi di Wayne Koestenbaum, il quale ritiene che il mondo artistico del fotografo ricordi "i provini con Marcel Duchamp realizzati da Warhol, le sue serigrafie in omaggio a Robert Rauschenberg … il suo desiderio di tutta una vita … di perpetuare il duro volto non psicologico, il volto di chiunque, specialmente un volto che può pagare per questo, o un volto riconoscibile".[7] Anche l'atteggiamento – sarebbe meglio dire la ritualità – di coloro che posano per Greenfield-Sanders gli ricorda quello di quanti furono ritratti da Warhol: "Fare un salto alla Factory, chiacchierare, gironzolare, sedersi davanti alla cinepresa mentre il maestro se ne va via, non senza aver raccomandato di non battere le palpebre … Non viene fatta nessuna pressione sulla vittima perché reciti: la casualità dell'allestimento comunica un senso di indifferenza al modello, il quale deve costruirsi una personalità nel vuoto, oppure deve, con stoicismo (o ostilità), cercare di trattenere personalità, di non concedere nulla alla cinepresa."[8] L'accento è perciò tutto sull'attitudine *inespressionista* di Greenfield-Sanders e sulla sua tendenza a porre il soggetto fuori dal tempo e da una struttura narrativa. Ora, il fatto che da europeo io individui analogie più con i soggetti di Ingres che con quelli (eroici) di Warhol pone forse in antitesi la mia visio-

Rembrandt,
Self-portrait, 1669,
detail.

Timothy
Greenfield-Sanders,
Howard Hodgkin,
1990, color Polaroid,
20 x 24 inches.

viewer to look into the portrait's gaze. Let's return a moment to Velázquez' *Innocent X*: the pope's forearms, leaning on the arms of his chair, are two sides of a triangle, with his hat as the apex. By intersecting with the pope's gaze, these two axes give greater intensity to his expression and force the observer to concentrate on the eyes, which come to the foreground "in perfect focus".

This comparison is used to demonstrate the complexity of Greenfield-Sanders' work. His portraits are rich in details that recall ancient art: look, for example, at the 1990 portrait of Howard Hodgkin and then compare it to Rembrandt's *Self Portrait* of 1669, or compare the 1986 photo of Julian Schnabel to Caravaggio's *Saint Matthew* of 1660. In the portraits of the two American artists, the red of Hodgkin's scarf and Schnabel's cape has the same expressive force as it had in the art-historical paintings. Furthermore, in these photos, light pours over the subject in a way that is reminiscent of nineteenth century portraits, those by Ingres above all. And Ingres could be seen as something of a common denominator between Nadar and Greenfield-Sanders. In the work of all three artists, the subjects are always fixed, almost expressionless, against a homogenous background with a lack of theatrical gesture. Peter Halley's comments about Greenfield-Sanders could apply to the other two as well: "Greenfield-Sanders' attitude is respectful. He does not probe or look for flaws in his subject. Yet from the formal, controlled situation in which he works, images of great psychological power emerge. While some photographers try to capture one moment or one expression, a Greenfield-Sanders photograph defines its subject in a more atemporal way."[6]

American critics of Greenfield-Sanders' work have seldom investigated its relationship with the art of the past, tending to focus their critical, formal and theoretical comparisons on the connection with Warhol. Wayne Koestenbaum's penetrating analysis likens the photographer's artistic world to "Warhol's screen test of Marcel Duchamp, his silkscreens in homage to Robert Rauschenberg ... his lifelong desire ... to perpetuate the hard, unpsychological face, anyone's face, especially a face that can pay for it, or a face that can be recognized."[7] Even the attitude, or rather the ritual, of those who pose for Greenfield-Sanders reminds him of the attitude of those who posed for Warhol: "Show up at the Factory, chat, hang out, sit before the movie camera while the master walks away, having first instructed you not to blink ... No overt pressure compels the victim to perform: in fact, the casual set-up communicates an indifference to the sitter, who must manufacture a personality in a void, or else must stoically (or hostilely) attempt to withhold personality, to give nothing to the camera."[8] The accent is on

ne e quella di Wayne Koestenbaum? No. L'attitudine di Greenfield-Sanders è radicalmente postmoderna – diversamente dalla scelta di Warhol, legata semmai alla dinamica avanguardistica della prima metà del ventesimo secolo.

Greenfield-Sanders guarda all'opera di chi lo ha preceduto non come a una soglia da superare, ma come a un mondo cui attingere sulla scorta di intuizioni veloci e memorie flash. Con il postmoderno, del resto, è soprattutto il concetto di "coerenza" a essere messo in discussione. Forse che gli architetti postmoderni si sono posti un limite nell'accostare un frammento di tempio greco a un frammento barocco, per poi mischiare tutto in una forma geometrica razionalista? Sicuramente no. E del resto, perché mai avrebbero dovuto?

Quando, nel 1997, chiesi a Greenfield-Sanders di fare un riferimento storico a un fotografo, egli ridendo – e d'istinto, credo – menzionò un quadro di Rembrandt. Solo dopo una pausa aggiunse i nomi di Nadar, Julia Margaret Cameron, August Sander, Irving Penn.[9] Che un pittore straordinario come Rembrandt possa affascinarlo non sorprende, ma quale attinenza con le sue foto possono avere quei ritratti in cui la carne sovente traspira sudore? Facile invece comprendere gli altri riferimenti. Delle relazioni tra le foto di Nadar e quelle di Greenfield-Sanders si è già discusso,[10] di Julia Margaret Cameron lo interessa sicuramente la forte intensità romantica e di Irving Penn l'eleganza formale. Evidenti le similitudini con Sander,[11] al quale è unito dal rispetto per il soggetto, sempre fissato – come pure in Nadar – nel ruolo che il soggetto stesso ha scelto di assumere. Ma Rembrandt? Poiché sappiamo che l'inconscio parla e svela desideri e passioni, il suo nominare Rembrandt ci consente legittimamente di affermare che la pittura di Warhol sta a quella Matisse come i ritratti di Greenfield-Sanders stanno a quelli di Rembrandt. Il colore steso a fasce larghe e piatte nei dipinti di Warhol è debitore della lezione di Matisse esattamente come gli sfondi uniformi e la fissità del soggetto di Greenfield-Sanders risentono (anche) della lezione di certi ritratti di Rembrandt.

In queste foto non si possono riconoscere i contrassegni distintivi delle avanguardie, ma è bene ricordare che l'eroica spinta iconoclasta che ha contrapposto le avanguardie alla tradizione si è nel corso del secolo gradualmente istituzionalizzata, producendo talora uno sterile accademismo. Il ritorno alla pittura negli anni Ottanta da una parte, la "scolastica" minimalista o concettuale dall'altra hanno fatto sì che, nella prospettiva attuale, il fenomeno destabilizzante tipico delle avanguardie – la messa in scena di un'arte capace di stupire e di turbare – venisse meno per una sorta

August Sander,
Untitled, 1920.

Timothy
Greenfield-Sanders,
Fran Liebowitz, 1997,
b/w contact print,
11 x 14 inches.

Greenfield-Sanders' *inexpressionist* attitude and his tendency to set his subjects beyond the constrictions of time and narrative. Now, does the fact that as a European, I find analogies with the subjects of Ingres rather than with the hero-icons of Warhol mean that Wayne Koestenbaum and I disagree? Not at all. Greenfield-Sanders' attitude is truly postmodern, as opposed to Warhol's, which was, if anything, closer to the dynamic avant-garde of the first half of the twentieth century

Greenfield-Sanders doesn't see the work of his predecessors as something to outdo, but as a world to be accessed and deployed in flashes of intuition and memory. After all, what postmodernism distrusts most is the concept of "coherence". Did postmodern architects restrain themselves from combining fragments of Greek temples and bits of Baroque, and re-mixing them into a kind of rationally geometric form? Of course not. But then why should they have?

Once, in 1997, I asked Greenfield-Sanders to mention a photographer of the past. He laughingly and, I think, instinctively referred to a painting by Rembrandt. It was only later that he mentioned Nadar, Julia Margaret Cameron, August Sander, and Irving Penn.[9] That he could be fascinated by an extraordinary painter like Rembrandt is not surprising, but what relationship can his photos have with those portraits of often sweaty flesh? It is easy enough to understand the other references. I've already mentioned the relationship between the photos of Nadar and of Greenfield-Sanders.[10] Julia Margaret Cameron no doubt interests him for her romantic intensity, and Irving Penn for his formal elegance. The similarities to Sander are clear[11], especially in his respect for a subject who, like Nadar's, is always in a pose and a "role" that the subject himself chooses. But Rembrandt? Since we know the unconscious mind talks and reveals hidden passions and desires, his references to Rembrandt allow us to truly assert that Warhol's work is to Matisse's as Greenfield-Sanders' portraits are to Rembrandt's. Warhol's large, flat brushstrokes of color are influenced by Matisse, just like the uniform backgrounds and the fixed pose of Greenfield-Sanders' photographs are (also) indebted to certain portraits by Rembrandt.

In these photos we are not aware of any particular avant-garde influences. However, we must remember that the heroic iconoclastic attacks made by the avant-garde against tradition over the past century have slowly become institutionalized, resulting at times in sterile scholasticism. The return to painting in the Eighties, on the one hand, and "academic" minimalism and conceptualism, on the other, have meant that today the typically avant-garde aim of shocking through the creation of disturbing works is

di saturazione di immagini e di idee. È come se alla complessità dell'universo formale e concettuale alle spalle dell'artista non corrispondesse più un paesaggio altrettanto vasto e governabile. O peggio, è come se per comprare e vendere idee nuove l'artista utilizzasse una moneta inflazionata dall'effigie di Duchamp, di Warhol o di Beuys. Detto ciò, la mia interpretazione del lavoro di Greenfield-Sanders – compresi i riferimenti ad artisti tanto diversi come Rembrandt, Ingres o Warhol – è forse azzardata? È criticamente scorretta? Certo che lo è! Ed è un gran bene che lo sia. Come è un gran bene che queste foto finiscano per inquietare tanto quei benpensanti dell'arte i quali vedono il nuovo solo in ciò che deriva dal Dada.

Julia Margaret Cameron,
Christabel, 1867 ca.

Timothy
Greenfield-Sanders,
Nan Goldin, 1997,
b/w contact print,
11 x 14 inches.

[1] Le citazioni di Greenfield-Sanders riportate in questo testo sono da riferirsi a conversazioni avute con l'autore dal novembre 1991 a oggi.
[2] Barnett Newman ha pronunciato questa frase nel 1963, all'inaugurazione della mostra di Joop Sanders alla Bertha Schaeffer Gallery di New York. È riportata anche in Lawrence Campbell, "Joop Sanders at Alfred Kren", in *Art in America*, maggio 1987.
[3] Hilla e Bernd Becher, "Conversazione con Jean-François Chevrier, James Lingwood e Thomas Struth (21.1.1989)", in *Un'altra obiettività/Another objectivity*, Centre national des Arts plastiques, Paris e Museo d'Arte Contemporanea Luigi Pecci, Prato, Idea Books, Milano 1989, p. 57.
[4] Ibid., p. 59.
[5] Peter Halley, "Timothy Greenfield-Sanders", in *Timothy Greenfield-Sanders, Selected Portraits 1985-1995*, catalogo della mostra, Kunst-Station Sankt Peter, Köln, gennaio-febbraio 1996; trad. it. pubblicata in *Tema Celeste* 61, marzo-aprile 1997, rivista e proposta in versione integrale nel presente volume alle p. 190-192.
[6] Ibid.
[7] Wayne Koestenbaum, "Art's Hard Face", in Timothy Greenfield-Sanders, *Art World*, Fotofolio, New York 1999; trad. it. nel presente volume alle p. 212-216.
[8] Ibid.
[9] Demetrio Paparoni, "Timothy Greenfield-Sanders", in *Il corpo parlante dell'arte*, Castelvecchi, Roma 1997, intervista riproposta in versione integrale nel presente volume alle p. 193-196.
[10] Ne fanno menzione i due brillanti interventi di Robert Pincus-Witten, rispettivamente del 1991 ("Timothy Greenfield-Sanders: Portrait of the Artist", pubblicato in *Timothy Greenfield-Sanders, Selected Portraits 1985-1995*, cit.) e del 1999 ("TG-S", in Timothy Greenfield-Sanders, *Art World*, cit.), entrambi pubblicati in versione integrale nel presente volume alle p. 184-186 e 210-211; si veda anche "S'io fossi Nadar / If I Were Nadar", intervista a Greenfield-Sanders di Doug e Mike Starn, pubblicata per la prima volta in *Tema Celeste* e *Tema Celeste International* 61, marzo-aprile 1997, qui riproposta in versione integrale alle p. 187-189.
[11] Rinvenute ancora da Pincus-Witten (art. cit.), nonché da Jerry Saltz e Jeremy Gilbert-Rolfe rispettivamente negli articoli "Collective-Memory Lane" (*The Village Voice*, 7 dicembre 1999) e "A supplementary Note on Assertiveness, Pointlessness, and the Sycophantic" (artnet.com online, 15 gennaio 2000), entrambi ripubblicati e tradotti nel presente volume alle p. 217-218 e 219-221.

less potent due to an overload of ideas and images. The past preeminence of formal and conceptual complexity in art no longer has a monopoly on its current landscape. Art has been freed from the need to use a currency inflated by the effigies of Duchamp, Warhol, or Beuys.

Is, then, my interpretation of Greenfield-Sanders' work—including my references to artists as different as Rembrandt, Ingres, and Warhol—a little over the top? Is it critically incorrect? Of course it is. And it is just as well that it should be. Just as it is appropriate that these photographs disturb those well-intentioned art lovers who can only see the new in what is derived from Dada.

Irving Penn,
**Rock groups,
Big Brother and the Holding Company and the Grateful Dead,**
San Francisco 1967.

Timothy Greenfield-Sanders,
NY Artists, 1998,
from color transparency,
8 x 10 inches.

[1] The quotations from Greenfield-Sanders in this essay refer to conversations with the author between November 1991 and January 2001.

[2] Barnett Newman quoted by Lawrence Campbell in "Joop Sanders at Alfred Kren," in *Art in America*, May 1987.

[3] Hilla and Bernd Becher, "Conversazione con Jean-François Chevrier, James Longwood e Thomas Struth" (21.1.1989), in *Un'altra obiettività/Another Objectivity*, Centre national des Arts plastiques, Paris, and Museo d'Arte contemporanea Luigi Pecci, Prato, Idea Books, Milan 1989, p. 57.

[4] Ibid. p. 59.

[5] Peter Halley, "Timothy Greenfield-Sanders," in *Timothy Greenfield-Sanders, Selected Portraits 1985-1995*, exhibition catalog, Kunst-Station Sankt Peter, Cologne, January-February 1996. The Halley text is reprinted in full in the present volume, on pages 190-192.

[6] Ibid.

[7] Wayne Koestenbaum, "Art's Hard Face," in Timothy Greenfield-Sanders, *Art World'*, Fotofolio, New York 1999, reprinted in full in the present volume, on pages 212-216.

[8] Ibid.

[9] Demetrio Paparoni, "Timothy Greenfield-Sanders," in *Il corpo Parlante dell'arte*, Castelvecchi, Rome 1997. The full interview is included in the present volume, on pages 193-196.

[10] See Robert Pincus-Witten, "Timothy Greenfield-Sanders: Portraits of the Artist," 1991, published in *Timothy Greenfield-Sanders, Selected Portraits 1985-1995* (op. cit.), and 1999 respectively ("T G-S", in *Art World*). Both are reprinted in full in the present volume, on pages 184-186 and pages 210-211. See also "S'io fossi Nadar/If I Were Nadar," interview with Greenfield-Sanders and Doug and Mike Starn, first published in *Tema Celeste* and *Tema Celeste International*, # 61, March-April 1997, herein printed in full on pages 187-189.

[11] Mentioned again by Pincus-Witten in the above-mentioned articles, and by Jerry Saltz and Jeremy Gilbert-Rolfe in the articles "Collective-Memory Lane" (*The Village Voice*, 7 December 1999) and "A supplementary Note on Assertiveness, Pointlessness, and the Sycophantic" (artnet.com, 15 January 2000), reprinted herein in full at pages 217-218 and 219-221 respectively.

Lou Reed, 1997,
from b/w print,
10 x 10 inches.

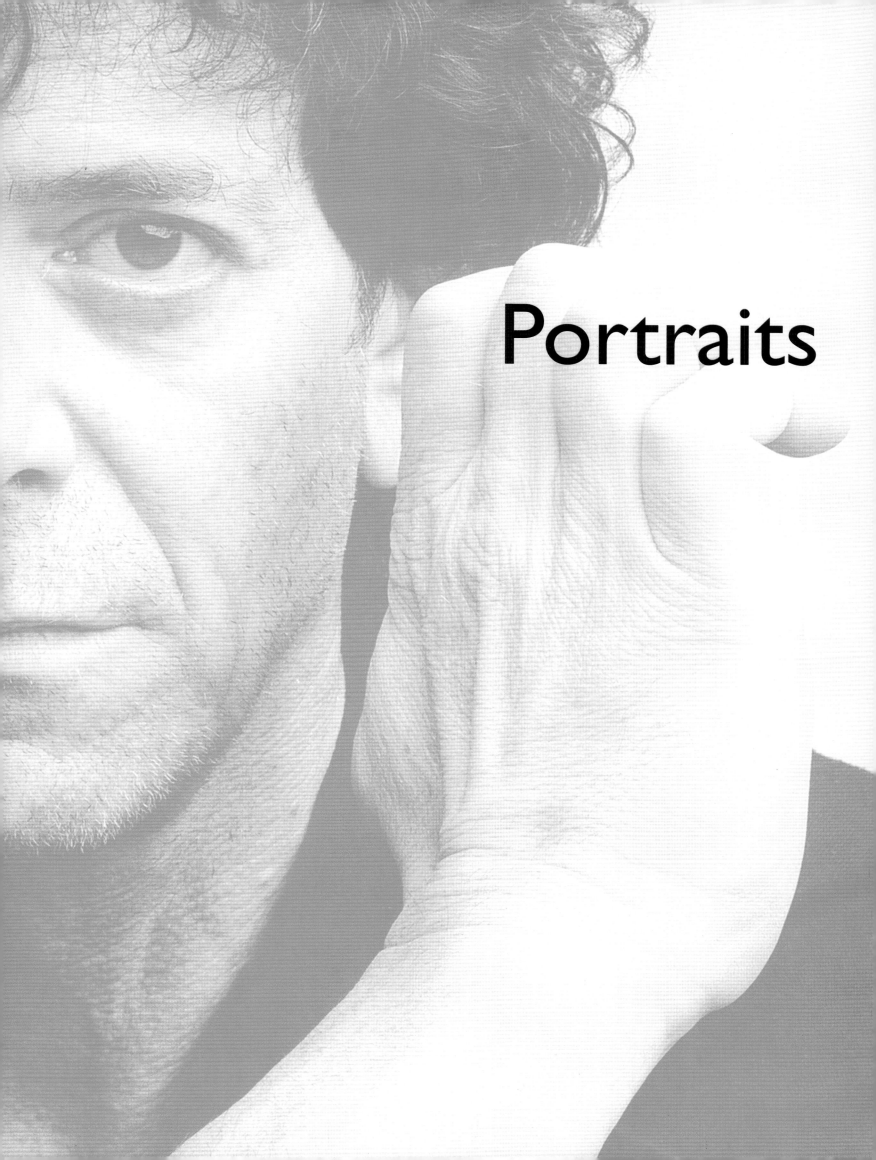

Portraits

Nancy Friday, *writer*, 1991 | black and white Polaroid, 8 x 10 inches

Glenn Close, *actor*, 1999 | color Polaroid, 20 x 24 inches

David Byrne, *musician/artist*, 1990 | color Polaroid, 20 x 24 inches

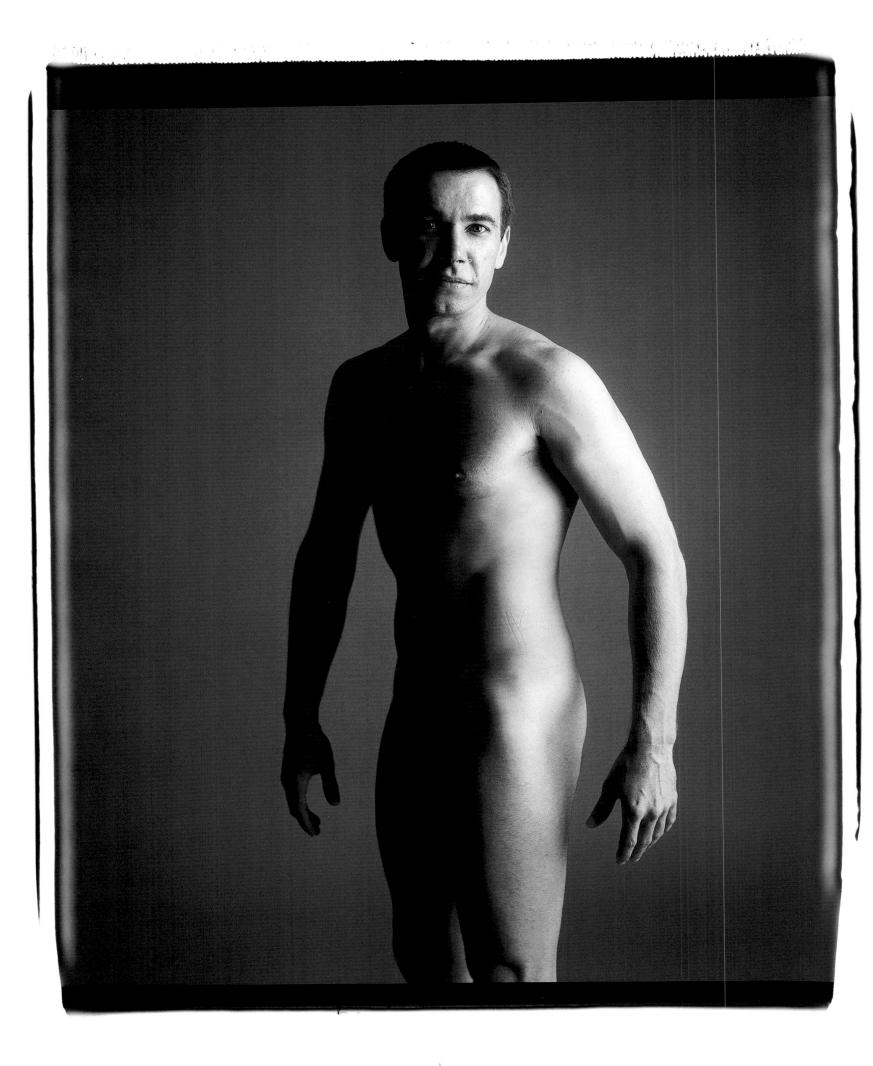

Jeff Koons, *artist*, 1991 | color Polaroid, 20 x 24 inches

Polly Mellen, *fashion editor*, 1993 | color Polaroid, 20 x 24 inches

Karen Finley, *performance artist*, 1998 | color transparency, 8 x 10 inches

Robert Wilson, *theater director/artist*, 1995 │ b/w contact print, 11 x14 inches

Matt Dillon, *actor*, 1989 | color Polaroid, 20 x 24 inches

Rose McGowan, *actor*, 1999 | color Polaroid, 20 x 24 inches

Mary Boone, *gallerist*, 1986 | b/w contact print, 11 x 14 inches

Leo Castelli, *gallerist*, 1989 | color Polaroid, 20 x 24 inches

Guy Pierce, *actor*, 1999 | color Polaroid, 20 x 24 inches

Howard Hodgkin, *artist*, 1990 | color Polaroid, 20 x 24 inches

William Wegman, *artist*, 1988 │ color Polaroid, 20 x 24 inches

Vanessa Redgrave, *actor*, 1997 | color Polaroid, 20 x 24 inches

Alec Baldwin, *actor*, 1999 │ color Polaroid, 20 x 24 inches

Jodie Foster, *actor*, 1989 │ color Polaroid, 20 x 24 inches

Elaine de Kooning, *artist*, 1980 | b/w contact print, 11 x 14 inches

Willem de Kooning, *artist*, 1986 | b/w contact print, 11 x 14 inches

Frank Auerbach, *artist*, 1990 | color Polaroid, 20 x 24 inches

Richard Long, *artist*, 1990 | color Polaroid, 20 x 24 inches

Richard Hamilton, *artist*, 1990 | color Polaroid, 20 x 24 inches

Bridget Riley, *artist*, 1990 | color Polaroid, 20 x 24 inches

John Cage, **Jasper Johns**, **Merce Cunningham**, *artists*, 1989 | b/w print, 14 x 14 inches

Jasper Johns, *artist*, 1990 | color Polaroid, 20 x 24 inches

Dennis Hopper, *actor*, 1995 | b/w contact print, 11 x 14 inches

John Turturro, *actor,* 1991 | color transparency, 8 x 10 inches

Robert Rauschenberg, *artist*, 1988 | color Polaroid, 20 x 24 inches

Roy Lichtenstein, *artist*, 1992 │ color Polaroid, 20 x 24 inches

Spike Lee, *film director*, 1989 │ color Polaroid, 20 x 24 inches

Julian Schnabel, *artist/film director*, 1980 │ b/w contact print, 11 x 14 inches

Francesco Clemente, *artist*, 1982 | b/w contact print, 11 x 14 inches

Francesco Clemente, *artist*, 1987 │ b/w print, 11 x 14 inches

Edit De Ak, *art critic*, 1981 │ b/w contact print, 11 x 14 inches

David Wojnarowicz, *artist*, 1991 | color Polaroid, 20 x 24 inches

Richard Pousette-Dart, *artist*, 1980 │ b/w contact print, 11 x 14 inches

Cecily Brown, *artist*, 1998 │ b/w contact print, 11 x 14 inches

David Salle, *artist/filmmaker*, 1986 │ b/w contact print, 11 x 14 inches

Mike & Doug Starn, *artists*, 1990 | b/w contact print, 11 x 14 inches

Ronnie Cutrone, *artist*, 1999 | b/w contact print, 11 x 14 inches

Peter Halley, *artist/writer/publisher*, 1986 │ b/w contact print, 11 x 14 inches

Martin Brest, *filmmaker*, 1981 │ b/w contact print, 11 x 14 inches

David Hammons, *artist*, 1980 | b/w contact print, 11 x 14 inches | 81

Damien Hirst, *artist*, 1990 | color Polaroid, 20 x 24 inches

Joan Mitchell, *artist,* 1981 │ b/w contact print, 11 x 14 inches

Sandro Chia, *artist*, 1991 | color Polaroid, 20 x 24 inches

Robert Mapplethorpe, *artist*, 1981 │ b/w contact print, 11 x 14 inches

Ross Bleckner, *artist*, 1991 | color Polaroid, 20 x 24 inches

Annette Lemieux, *artist*, 1988 | color Polaroid, 20 x 24 inches

Chuck Close, *artist*, 1988 │ color Polaroid, 20 x 24 inches

Brice Marden, *artist*, 1992 | color Polaroid, 20 x 24 inches

| **Mimmo Paladino**, *artist/architect/photographer*, 1991 | from color transparency, 2 1/4 x 2 1/4 inches

Agnes Martin, *artist*, 1992 | b/w print, 14 x 14 inches

Edward Rusha, *artist*, 1987 | b/w contact print, 11 x 14 inches

James Brown, *artist*, 1994 │ b/w contact print, 11 x 14 inches

Andres Serrano, *artist*, 1992 | b/w contact print, 11 x 14 inches

Luigi Ontani, *artist*, 1999 | b/w contact print, 11 x 14 inches

Bruno Bischofberger, *gallerist*, 2001 | b/w contact print, 11 x 14 inches

Laurie Anderson, *artist,* 1999 | b/w contact print, 11 x 14 inches

Vaclav Havel, *writer/President, Czech Republic*, 1997 | color transparency, 8 x 10 inches

Jimmy Carter, *President, USA*, 1995 | color transparency, 8 x 10 inches

Barbara Bush, *First Lady, USA,* 1997 | color Polaroid, 20 x 24 inches

George Bush, *President, USA,* 1997 | color Polaroid, 20 x 24 inches

Madeleine Albright, *Secretary of State, USA*, 1996 | color Polaroid, 20 x 24 inches

Hillary Clinton, *First Lady/Senator, USA*, 1994 | color transparency, 8 x 10 inches

Al Gore, *Vice-President, USA*, 1998 | from color transparency, 2 1/4 x 2 1/4 inches

Karenna Gore, *political consultant*, 2000 | color transparency, 8 x 10 inches

Tipper Gore, *political consultant*, 1995 | color Polaroid, 20 x 24 inches

Adrian Grenier, *actor*, 1999 | color Polaroid, 20 x 24 inches

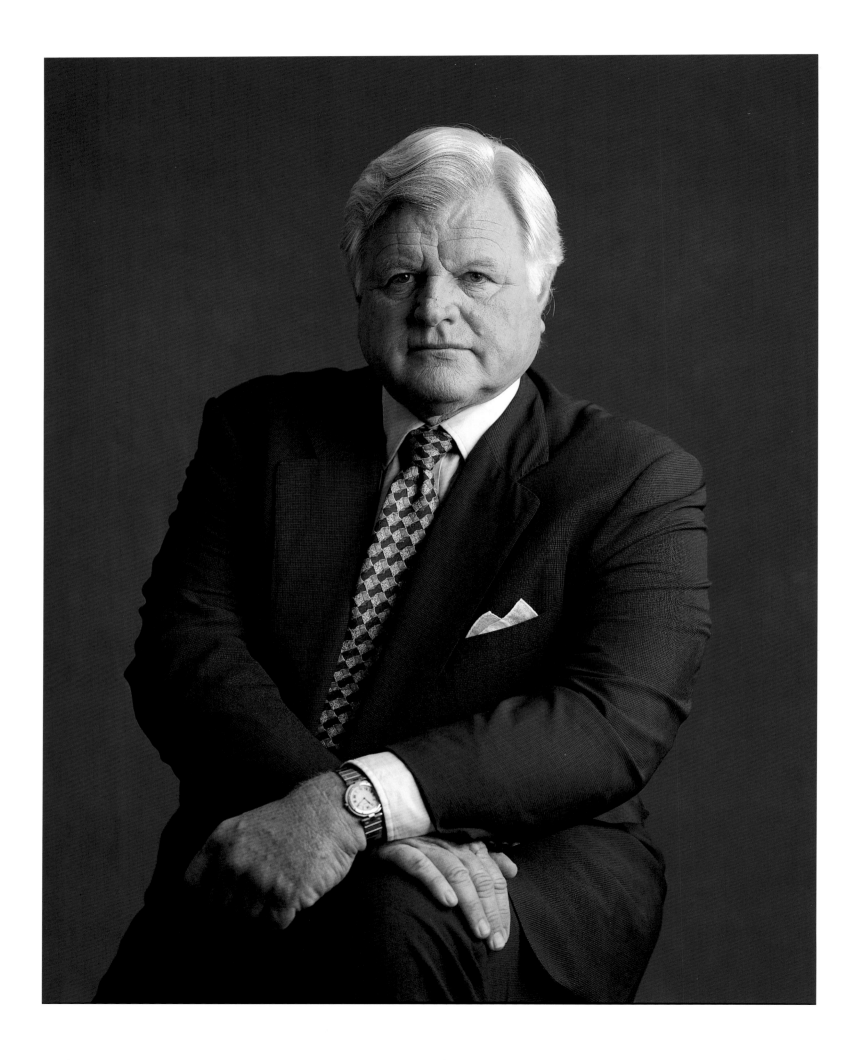

Edward Kennedy, *U.S. Senator*, 1998 | color transparency, 8 x 10 inches

Ruth Bater Ginsburg, *U.S. Supreme Court Justice*, 1997 | color Polaroid, 20 x 24 inches

Anthony Kiedis, *musician*, 1999 | b/w print, 11 x 14 inches

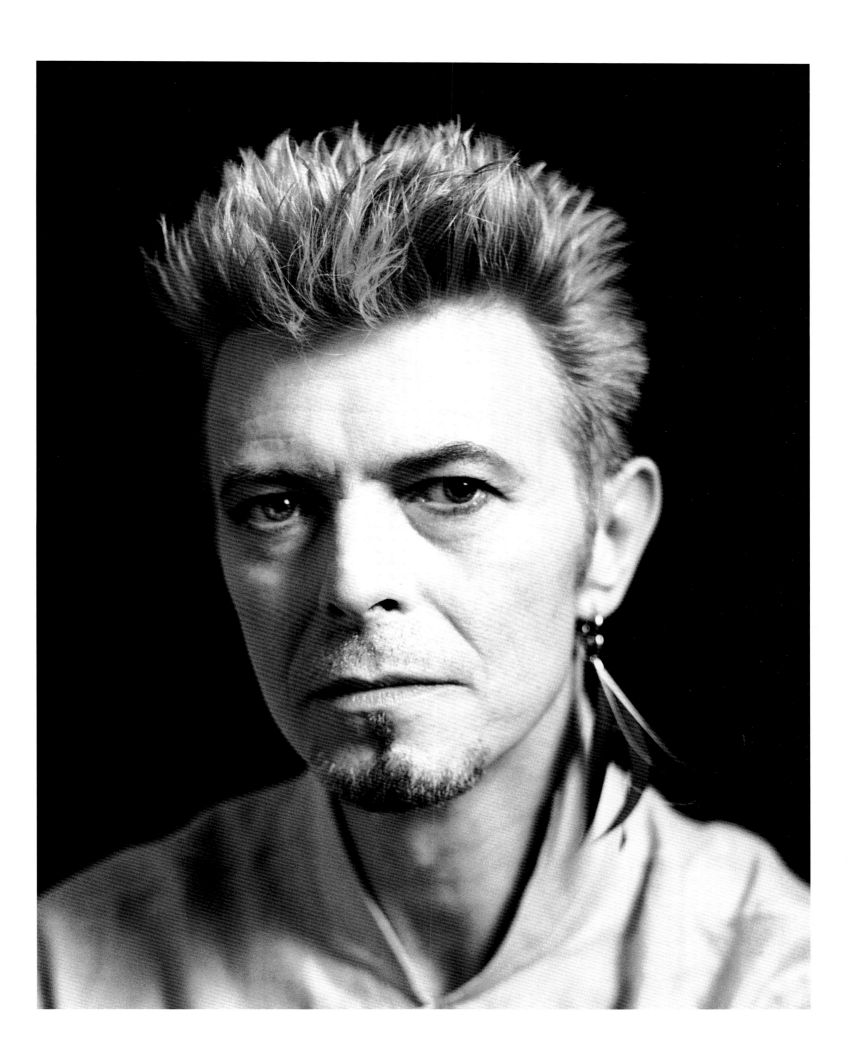

David Bowie, *musician/actor/artist*, 1997 | b/w print, 8 x 10 inches

Lou Reed & Laurie Anderson, *artists*, 2000 | b/w print, 14 X 14 inches

Lou Reed, *musician/writer/artist*, 1998 │ color Polaroid, 20 x 24 inches

Whiltley Strieber, *writer*, 1983 | b/w contact print, 11 x 14 inches

Macaulay Culkin, *actor*, 1991 | b/w contact print, 11 x 14 inches

Patti Smith, *musician/poet*, 1997 │ color transparency, 2 1/4 x 2 1/4 inches

William S. Burroughs, *writer*, 1993 | from 35 mm color negative, 8 x 8 inches

Jim Carrol, *musician/poet*, 1997 | color transparency, 2 1/4 x 2 1/4 inches

Al Sharpton, *politician*, 1989 | color transparency, 8 x 10 inches

Cesaria Evora, *musician*, 1996 | color transparency, 8 x 10 inches

Conan O'Brien, *writer/TV host*, 2000 | color Polaroid, 8 x 10 inches

Johnson Group, *architects*, 1996 | b/w print, 14 x 14 inches

Peter Eisenman, Jaquelin Robertson, Michael Graves, Arata Isozaki, Philip Johnson, Phyllis Lambert, Richard Meier, Zaha Hadid, Robert A. M. Stern, Hans Hollein, Stanley Tigerman, Henry N. Cobb, Kevin Roche, Charles Gwathmey, Terence Riley, David Childs, Frank O. Gehry, Rem Koolhaas

Philip Johnson, *architect*, 1996 | from color transparency, 8 x10 inches

Arata Isozaki, *architect*, 1996 │ color transparency, 8 x 10 inches

Peter Orlovsky, Herbert Huncke, Allen Ginsberg, Gregory Corso, *poets*, 1992 | color transparency, 8 x 10 inches

| **Reinaldo Arenas**, *writer/poet*, 1981 | b/w contact print, 11 x 14 inches

Allen Ginsberg, *poet*, 1992 | color transparency, 8 x 10 inches

Lawrence Ferlinghetti, *poet*, 1995 │ b/w contact print, 11 x 14 inches

Edwin Denby, *poet/dance critic*, 1982 | b/w contact print, 11 x 14 inches

Mark Strand, *poet*, 1982 | b/w contact print, 11 x 14 inches

Agnes Gund, *art collector*, 1991 │ b/w contact print, 11 x 14 inches

Jonas Mekas, *filmmaker/film critic*, 1997 | b/w contact print, 11 x 14 inches

Steven Spielberg, *filmmaker*, 1998 | from color transparency, 8 x 10 inches

John Huston, *actor/filmmaker*, 1980 | b/w contact print, 11 x 14 inches

Darren Aronofsky, *filmmaker*, 1998 │ b/w contact print, 11 x 14 inches

| **Amy Heckerling**, *filmmaker*, 1979 | b/w contact print, 11 x 14 inches

Mike Nichols, *filmmaker*, 2001 | b/w contact print, 8 x 10 inches

Steve Buscemi, *actor*, 1995 │ b/w contact print, 11 x 14 inches

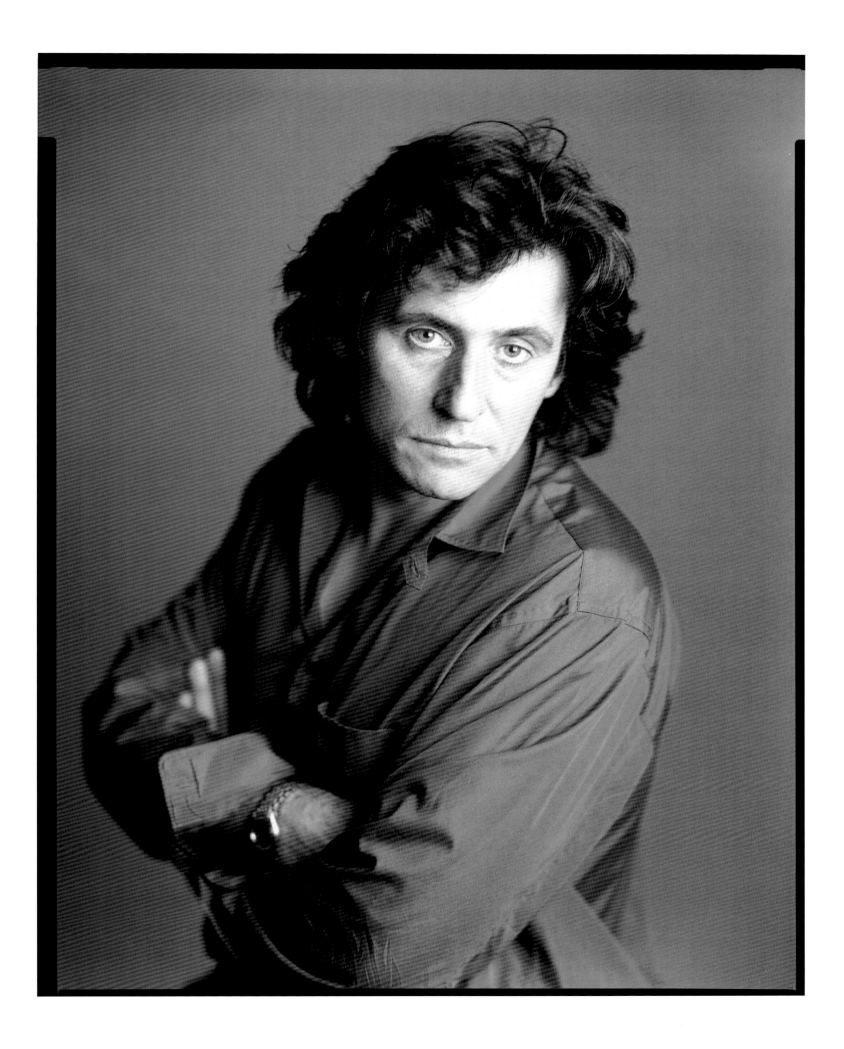

Gabriel Byrne, *actor*, 1990 | b/w contact print, 11 x 14 inches

Alex Lundqvist, *fashion model*, 1999 │ black and white Polaroid, 20 x 24 inches

Christy Turlington, *fashion model*, 1998 │ b/w contact print, 11 x 14 inches

Mark Vanderloo, *fashion model*, 1996 | from b/w print, 11 x 14 inches

Alan Cumming, *actor*, 1999 | b/w contact print, 11 x 14 inches

James Cromwell, *actor*, 1998 | b/w contact print, 11 x 14 inches

Sidney Poitier, *actor*, 1998 | b/w contact print, 11 x 14 inches

Monica Lewinsky, *designer*, 1998 | color transparency, 2 1/4 x 2 1/4 inches

Rob Lowe, *actor*, 1989 | from 8 x 10 color Polaroid

Muhammed Ali, *boxer*, 1991 | from b/w print, 10 x 10 inches

Isaac Mizrahi, *designer/actor*, 1994 | b/w contact print, 11 x 14 inches

Erté, *artist*, 1980 | b/w contact print, 11 x 14 inches

Quentin Crisp, *writer*, 1979 | from b/w print, 11 x 14 inches

Danny Glover, *actor*, 1989 │ color Polaroid, 8 x 10 inches

John Malkovich, *actor/filmmaker*, 1991 | color Polaroid, 20 x 24 inches

| **Liz Tilberis**, *fashion editor*, 1995 | color transparency, 8 x 10 inches

John Kelly, *performance artist*, 1992 | b/w contact print, 11 x 14 inches

Eric Fischl, *artist*, 1986 │ b/w contact print, 11 x 14 inches

Cindy Crawford, *fashion model*, 1990 | color Polaroid, 20 x 24 inches

Aaron Copland, *composer*, 1980 │ b/w contact print, 11 x 14 inches

Virgil Thomson, *composer/critic*, 1979 │ b/w contact print, 11 x 14 inches

Jil Sander, *fashion designer*, 1990 | from b/w print, 11 x 14 inches

Yves Saint-Laurent, *fashion designer*, 1999 | from b/w print, 11 x 14 inches

The Lady Chablis, *actor*, 1994 | color transparency, 8 x 10 inches

Dorian Corey, *actor*, 1991 │ color transparency, 8 x 10 inches

Ethan Hawke, *actor/writer/filmmaker*, 1994 | b/w contact print, 11 x 14 inches

Christopher Walken, *actor*, 1995 │ b/w contact print, 11 x 14 inches

Joop Sanders, *artist*, 1980 │ b/w contact print, 11 x 14 inches

Richard Serra, *artist*, 1986 | b/w contact print, 11 x 14 inches

Tom Hanks, *actor/filmmaker*, 1995 | from b/w print, 8 x 10 inches

Rei Kawakubo, *fashion designer*, 1992 | from b/w print, 10 x 10 inches

Nicole Kidman, *actor*, 1991 | from 2 1/2 x 2 1/4 inches color transparency

Sayoko Yamaguchi, *artist/model*, 2000 | color Polaroid, 8 x 10 inches

| **Pras**, *musician*, 1998 | black and white Polaroid, 20 x 24 inches

Joe Pesci, *actor*, 1991 | color Polaroid, 20 x 24 inches

Dennis Quaid, *actor*, 1998 | color Polaroid, 8 x 10 inches

Wes Anderson, *filmmaker*, **Owen Wilson**, *actor*, 1998 │ color transparency, 8 x 10 inches

Enzo Cucchi, *artist*, 2000 | color transparency, 8 x 10 inches

Christopher Reeve, *actor*, 1995 | color print from 8 x 10 color transparency

Elliot Smith, *musician*, 1998 | color Polaroid, 8 x 10 inches

Valeria Golino, *actor*, 1991 │ color Polaroid, 8 x 10 inches

Salvo diversa indicazione, tutte
le fotografie che corredano l'Antologia
e gli Apparati sono di Timothy
Greenfield-Sanders.

**All photographs in the Anthology
and the Appendix are by Timothy
Greenfield-Sanders unless
otherwise indicated.**

Robert Pincus-Witten,
1981, b/w contact print,
11 x 14 inches, detail.

Antologia
Anthology

TIMOTHY GREENFIELD-SANDERS: PORTRAITS OF THE ARTIST

Robert Pincus-Witten, *art critic*, 1985 b/w contact print, 11 x 14 inches.

8 marzo 1985. Affollata vernice di Judy Glantzman alla nuova galleria di Steven Adams nell'East Village – sagome ritagliate e dipinte raffiguranti i personaggi del mondo dell'East Village. Timothy Greenfield-Sanders intende fotografare gli artisti di questa sorprendente esplosione di talento e di audacia e mi chiede cosa penso del fenomeno: "Il documento centrale nella storia culturale del mondo," rispondo mentre scoppiamo a ridere.

Questi primi momenti di amicizia rimangono chiari mentre ruotano intorno a significativi eventi della vita del fotografo. Quando, nel 1981, Timothy Greenfield-Sanders mi fotografò per una serie di ritratti di critici d'arte (ora più di cinquanta), la seduta ebbe luogo subito dopo la nascita della sua seconda figlia, mentre la serata ricordata nell'annotazione sopra riferita culminò in un incendio di quella che era stata un tempo la canonica della vecchia chiesa di San Nicola (ora distrutta), una costruzione di arenaria, stile *revival* gotico, divenuta dimora e studio di Greenfield-Sanders. Quella sera avevo fatto la conoscenza di Karin, moglie del fotografo (nonché figlia dell'espressionista astratto Joop Sanders), e delle loro due figlie, Isca e Liliana. Ci eravamo allontanati dalla galleria a bordo di "Martha", una Ford bianca del 1954, ignari dell'incombente disastro.

Per quanto fugace, l'annotazione sopra riportata rispecchia talune idiosincrasie dell'opera di Greenfield-Sanders – da un lato il rapporto disinvolto e compiaciuto con un mondo artistico sensibile al fascino della sua arguta *persona grata*, dall'altro il suo impegno nella tradizione della fotografia documentaristica seriale ed enciclopedica. A tratti lo charme personale del-

8 March 1985. Judy Glantzman's crowded opening at Steven Adam's new gallery in the East Village—painted cutouts of the members of the East Village scene. Timothy Greenfield-Sanders wants to photograph the artists of this startling eruption of talent and nerve and asks me my views on the phenomenon: "The central document in the history of world culture," I reply as we dissolve in laughter.

These first moments of friendship remain clear as they pivot about significant events in the photographer's life. When, in 1981, Timothy Greenfield-Sanders photographed me for a group of portraits of art critics (now totaling more than fifty), the shoot immediately followed the birth of his second daughter: similarly, the evening recalled in the above entry culminated in a fire in the former rectory of the old Saint Nicholas church (now razed), a Gothic Revival brownstone transformed into the Greenfield-Sanders' home and studio. That evening I first met Karin, wife of the photographer (and daughter of the Abstract Expressionist painter, Joop Sanders) and their two girls, Isca and Liliana. From the gallery we sped away in "Martha," a white 1954 Ford, oblivious of the calamity ahead.

In even so transient an entry as the one cited above certain idiosyncrasies of Greenfield-Sanders' work are reflected—on one hand, an ease and delight in an art world responsive to the appeal of his witty *persona grata*; on the other, his commitment to the tradition of a serial and encyclopedic documentary photography. At times, the artist's personal charm seems to blur, not to say dissent, from the stern sobriety of his documentarian achievement; together they demarcate the artist's claims on the terrain of art.

Lee Krasner, *artist*, 1980, b/w contact print, 11 x 14 inches.

Donald Baechler, *artist*, 1982, b/w contact print, 11 x 14 inches.

Robert Motherwell, *artist*, 1981, b/w contact print, 11 x 14 inches.

l'artista sembra offuscare, per non dire avversare, l'austera sobrietà della sua opera documentaristica; le due cose insieme contrassegnano la sua posizione nell'ambito artistico.

Ricordiamo qui due fra i vari temi che hanno impegnato il fotografo:

1. *The Artists of the Fifties* [Gli artisti degli anni Cinquanta]: una rassegna degli antesignani dell'espressionismo astratto, in tutto circa cinquanta ritratti. Ciò portò poi a una presentazione dei membri di The Club, l'organizzazione fondata dagli originari espressionisti astratti americani, pittori e scultori, nonché dai giovani artisti allora emergenti, fra i quali Robert Rauschenberg. Sebbene Franz Kline e Jackson Pollock fossero già morti nel periodo in cui Greenfield-Sanders iniziò la sua rassegna, Willem ed Elaine de Kooning erano ancora vivi, così come lo erano Robert Motherwell, Lee Krasner e gli oltre quaranta superstiti di quell'apogeo americano. Le loro immagini (talune realizzate a intervalli irregolari nel corso degli anni) costituiscono una rassegna continua che via via si assottiglia con la scomparsa dei vari modelli.[1]

2. I protagonisti di quell'improvvisa fioritura di giovani artisti, mercanti e apologeti collegati con la New Wave Club Scene che, nello scorso decennio, fu al centro del dirompente fenomeno dell'East Village. Greenfield-Sanders è ormai considerato l'angelo-schedatore di quasi tutti i giovani artisti emergenti, indipendentemente dalla loro tendenza stilistica; più di un centinaio hanno già posato per un ritratto.[2]

Nonostante il passaggio dal bianco e nero al colore nelle opere più recenti – comunque egli continua, ovviamente, a lavorare anche in bianco e nero – Greenfield-Sanders rimane un artista decisamente conservatore. Il finto sfavillio, la teatralità contraffatta, lo pseudoesperimento, il surrealismo fittizio, l'affarismo mellifluo non trovano alcuno spazio nelle sue foto così sobrie. A tale sobrietà si aggiunge l'antipatia di Greenfield-Sanders per tutto ciò che sa di eccesso tecnico, per tutto ciò che deriva dall'uso dei fotogrammi in rapida successione tipico del sistema istantaneo Leica, e l'orientamento conservatore di questo fotografo apparirà ancora più nitido. La sua opera impone l'apprezzamento non delle pressioni stilistiche dell'ultim'ora, bensì delle tematiche fondamentali relative allo scattare e produrre foto.

Lo strumento preferito di Greenfield-Sanders continua, dunque, a essere un'ingombrante, vecchia Fulmer & Schwing a lastre 11 x 14 pollici [28 x 35 cm], un tipo di macchina fotografica che semmai rimanda ai ritratti in studio di Edward Weston o, volendo pensare a un'associazione ancor precedente, alle panoramiche parigine di Eugène Atget.

Analogamente, è strumento congeniale a questo fotografo l'immenso apparecchio – dall'ingombrante scatto singolo – necessario per realizzare le gigantografie Polaroid a colori. La frontalità (più o meno) del soggetto e il tempo lungo di esposizione (relativamente parlando) impregnano le sue recenti opere a colori di un arcano struggimento per le radici della fotografia in bianco e nero. In ogni caso il colore spettacolare come eccentricità fine a se stessa, il colore che disturba la concentrazione nel medesimo modo in cui, poniamo, un marmocchio petulante strepita per attirare l'attenzione – quel genere di colore, qualunque esso sia, non è tavolozza che possa attrarre Greenfield-Sanders.

L'opera di questo fotografo appartiene dunque a una tradizione che nel diciannovesimo secolo culminò con la ritrattistica dello studio Nadar. Il vasto pantheon dei luminari della cultura romantica ritenuto il cuore dell'opera di Nadar continua a pulsare nel soggetto preferito di Greenfield-Sanders: l'artista contemporaneo.

The following are but two of the themes that have engaged the photographer:

1. *The Artists of the Fifties*, a survey of the pioneer figures of Abstract Expressionism, some fifty sitters in all. In turn, this led to a documentation of the members of The Club, the organization founded by the original American Abstract Expressionist painters and sculptors as well as the younger artists who were beginning to emerge, such as Robert Rauschenberg. Though Franz Kline and Jackson Pollock were dead when Greenfield-Sanders began his survey, Willem and Elaine de Kooning were still alive as were Robert Motherwell and Lee Krasner and the forty more survivors of that American apogee. Their images (certain of them taken at irregular intervals over the years), comprise an ongoing survey that narrows with the death of each successive sitter.[1]

2. The participants of the sudden flowering of young artists, dealers and apologists associated with the New Wave Club Scene that became the core of a burgeoning East Village phenomenon during the past decade. Indeed, Greenfield-Sanders is, by now, understood to be the recording angel of virtually all emerging young artists, no matter their stylistic persuasion, and more than a hundred artists already have sat for their portrait.[2]

Despite the shift from black and white into color photography in Greenfield-Sanders' recent work—of course, he continues to work in black and white as well—the photographer remains a markedly conservative artist. Bogus glitz, counterfeit theater, pseudo experiment, fictitious surrealism, slick commercialism find no quarter in his unpretentious prints. Add to this restraint Greenfield-Sanders' antipathy for all that smacks of technical overkill, all that derives from the rapid-succession exposures of the instantaneous Leica tradition, and the photographer's conservative orientation falls into even sharper focus. His work forces an appreciation of issues central to the taking and making of photographs, not of topical stylistic pressures.

Indeed, Greenfield-Sanders' preferred tool remains a cumbersome Fulmer & Schwing 11 x 14 inch antique view camera, a camera of a type more readily associated with the studio portraits of Edward Weston, or to draw an even earlier connection, to the comprehensive Paris location shots of Atget's camera.

Similarly, the immense camera necessary to the giant color Polaroid print, in its lumbering, individual photographic take, is a congenial tool for the photographer. A subject viewed frontally (more or less) and an image taken at a slow exposure (comparatively speaking) steeps Greenfield-Sanders' recent color work with a weird yearning for photography's roots in black and white. In any case, show-off color as a bizarre end in itself, color that disturbs concentration as, say, a bratty child clamors for

The New Irascibles
(Rick Prol, Keiko Bonk, Peter Schuyff, Louis Renzoni, Jim Radakovich, Cheryl Laemmle, Martin Wong, Ronnie Cutrone, Philip Pocock, Peter Drake, Philip Taaffe, Thierry Cheverney, Colin Lee, Kiell Erik Killi Olsen, Bobby G, Kiki Smith), *artists*, 1985, b/w print, 10 x 10 inches.

Queste radici ottocentesche furono rispolverate dalla grande scuola di fotografia tedesca degli anni Venti e Trenta. Tra quei maestri il modello più rivelatore rimane il gruppo di artisti che comprende Albert Renger-Patsch, Karl Blossfeldt e soprattutto August Sander (la somiglianza del cognome, benché psicologicamente importante, è del tutto fortuita). Con la loro severa portata socioeconomica, gli ampi volumi di August Sander, per esempio *Antlitz der Zeit* [Volti del nostro tempo], o *Deutschenspiegel: Menschen des 20. Jahrhundert* [Specchio tedesco: Gente del ventesimo secolo], sono i diretti antenati degli obiettivi antologizzanti di Greenfield-Sanders.

Questo modo austero, senza sorriso, continua a trasparire non soltanto nelle sue foto in bianco e nero, ma anche nelle sue recenti gigantografie a colori. Con l'introduzione del colore si sarebbe potuto ipotizzare un alleggerimento dell'umore. Invece no. I lavori Polaroid riaffermano enfaticamente le propensioni ottocentistiche di Greenfield-Sanders, semmai ciò sia immaginabile; lo stesso procedimento Polaroid contribuisce all'attuazione di tale paradosso.

Dopo tutto la tecnica Polaroid rifiuta la tradizione del negativo – carta, lastra, pellicola – un procedimento che, fra i vari risultati, ha reso possibile la seduzione della moderna pubblicità. Niente di tutto questo avviene con la Polaroid, almeno non con le Polaroid di Greenfield-Sanders. Come accadde con la prima generazione di foto, a esistere è soltanto la stampa e solo la stampa è ciò che conta. Ci voleva un Greenfield-Sanders per rendere tangibile tale ironia.

Note

[1] Nel 1987, per celebrare l'ottantesimo compleanno di Leo Castelli, fu pubblicata una scelta di queste fotografie con il titolo *The Ninth Street Show*. Quest'esposizione del 1951 rappresentò gli albori dell'impegno curatoriale di questo grande mercante d'arte e fu organizzata ancor prima della fondazione della sua galleria.
[2] Quest'opera condusse a *The New Irascibles*, ritratti di gruppo raffiguranti artisti, critici e mercanti dell'East Village (1985). Tali fotografie si rifacevano liberamente a un ritratto dell'originario gruppo di espressionisti astratti scattato da Nina Leen nel 1951 per la rivista *Life Magazine*. Tale formato fu inoltre sfruttato da Greenfield-Sanders per un ritratto di gruppo raffigurante la recente generazione di grandi collezionisti americani d'arte contemporanea (1986).

Da *Timothy Greenfield-Sanders*, catalogo della mostra, Modern Art Museum, Fort Worth, novembre 1991-febbraio 1992; pubblicato con il titolo "Timothy Greenfield-Sanders" in *Tema Celeste* 31, maggio-giugno 1991

attention—that kind of color, whatever it may be, is not a palette that engages Greenfield-Sanders.

Hence, Greenfield-Sanders' work straddles a tradition that, in the 19th century, culminated in the Nadar Studio portrait. The vast pantheon of Romantic cultural luminaries we take to be the heart of Nadar's work continues to throb in Greenfield-Sanders' preferred subject, the contemporary artist.

These nineteenth century roots were refurbished in the great German school of photography of the 1920s and 30s. Of the German masters, a group that includes Albert Renger-Patsch and Karl Blossfeldt, August Sander above all (the similarity of family name is purely coincidental though psychologically important) remains the most revelatory model. August Sander's comprehensive volumes, with their dour socio-economic potency, *Faces of Our Time [Antlitz der Zeit]* say, or the *Deutschenspiegel: Menschen des 20. Jahrhunderts,* sit as direct forbears to the anthologizing objectives of Greenfield-Sanders' work today.

This stern unsmiling mode continues to be felt, not only in Greenfield-Sanders' work in black and white but in the recent giant color polaroids as well. With the advent of color one would have anticipated a lightening of mood. No. If anything, Greenfield-Sanders' polaroid work emphatically reasserts his nineteenth century proclivities, if such a thing can be imagined; and the actual polaroid process assists in realizing this paradox. After all, the technology of the Polaroid rejects the tradition of the negative—paper, glass plate, celluloid—a procedure that allowed for, among other manifestations, the glamour of modern publicity and propaganda. No such thing happens with the polaroid, at least not Greenfield-Sanders' polaroids. As with the primitive generation of photography, there is only the print and it is only the print that matters. It would take a Greenfield-Sanders to make this irony palpable.

Notes

[1] A selection of these photographs were published as *The Ninth Street Show* in 1987 to celebrate the 80th birthday of Leo Castelli. This 1951 exhibition was the fledgling curatorial effort of the great dealer, and was organized even prior to the founding of his art gallery.
[2] This work led to *The New Irascibles*, group portraits of the East Village artists, dealers, critics (1985). These photographs were loosely based on a portrait of the original Abstract Expressionist group taken by Nina Leen, for Life Magazine in 1951. The format was also used for a group portrait taken by Greenfield-Sanders of the recent generation of major American collectors of contemporary art (1986).

From *Timothy Greenfield-Sanders*, Exhibition Catalogue, Modern Art Museum, Fort Worth, November 1991-February 1992

August Sander,
Pharmacist, 1931.

Aaron Siskind, *artist*,
1981, b/w contact print,
11 x 14 inches.

John Sanders, *sculptor*,
1993, b/w contact print,
11 x 14 inches.

Doug and Mike Starn

IF I WERE NADAR

Doug Starn: *Quando ti sei accorto di essere un genio?*
Timothy Greenfield-Sanders: A cinque anni. Prossima domanda. [Grande risata]
D.S.: *Hai fotografato tanti tipi di persone: artisti, attori, designer, musicisti, registi… molto famosi o quasi sconosciuti. Come scegli i tuoi soggetti?*
T. G.-S.: Ho cominciato, alla fine degli anni Settanta, a fare ritratti di artisti perché quelle erano le persone che conoscevo. Erano miei amici o, nel caso degli espressionisti astratti, erano amici di mio suocero. Prima di allora, quando studiavo all'American Film Institute di Los Angeles, verso la metà degli anni Settanta, ho scattato numerosi ritratti di registi e di attori, ma si trattava di "ritratti di apprendistato". Ero ancora alla ricerca di me stesso e del mio stile. Hitchcock mi ha letteralmente insegnato i trucchi dell'illuminazione e Bette Davis mi diceva di non fotografare mai dal basso. Ero giovane e loro erano molto pazienti con me.
Mike Starn: *Hai mai veramente studiato fotografia?*
T.G.-S.: No. All'AFI ho imparato tutto sulle luci per film, ma non ho mai seguito corsi di fotografia. Magari l'avessi fatto! Forse avrei le spalle più solide.
M.S.: *Qualche aneddoto di quel periodo?*
T.G.-S.: A 25 anni ho fotografato Orson Welles. È stato eccitante; era il mio idolo. Avevo sistemato un divanetto sul quale far sedere lui e John Huston insieme. Anche le luci erano state preparate in anticipo, ma quando Welles arrivò, vidi un gigante. Guardò il sofà e disse: "Impossibile, se mi siedo là, non mi alzo più". Ero così nervoso, ma riuscii a nasconderlo. In qualche modo trovai altre sedie e alla fine feci uno dei miei ritratti migliori. Ho imparato a non mostrare mai timore di fronte ai miei modelli; loro sono già molto nervosi per conto proprio e non hanno certo bisogno di sentire l'agitazione del fotografo.
M.S. *Quando hai esposto per la prima volta il tuo "vero lavoro"?*
T.G.-S.: Passare dai ritratti in piccolo formato, 35 mm e 2 1/4 [6 x 6 cm], a quelli in grande formato, 11 x 14 pollici [28 x 35 cm], è stato un cambiamento fondamentale per me. Ho scelto tempi più lunghi e ho deciso di fare pochi scatti. Ho cominciato a concentrarmi di più sul mio lavoro. Nel 1981 c'è stata la mia mostra *New York Artists of the 50s in the 80s* in cui ho esposto per la prima volta una serie di quaranta ritratti di espressionisti astratti in grande formato, 11 x 14. Artisti come de Kooning, Krasner, Motherwell, Frankenthaler, Rauschenberg e via dicendo.
M.S.: *Per quale galleria?*
T.G.-S.: Per la Marcuse Pfeifer Gallery.

Doug Starn: *When did you first realize you were a genius?*
Timothy Greenfield-Sanders: When I was five years old. Next question. [much laughter]
D.S.: *You have photographed many different kinds of people; artists, actors, designers, musicians, directors … well known and hardly known. How do you choose who to photograph?*
T.G.-S.: I started out taking portraits of artists in the late 1970's because they were the people I knew. They were my friends or in the case of the Abstract Expressionists, they were my in-law's friends. Before that in Los Angeles, in the mid 70's I took a lot of portraits of film directors and actors while studying at the American Film Institute, but those were "learning portraits". I was still finding myself and my style. Literally, Hitchcock taught me lighting tricks and Bette Davis told me never to shoot from below. I was young and they were very patient with me.
Mike Starn: *Did you study photography formally?*
T.G.-S.: No, I learned film lighting at AFI but I never took photography courses. Wish that I had. I'd probably be better off.
M.S.: *Any anecdotes from that period?*
T.G.-S.: Shooting Orson Welles when I was 25 was thrilling. He was my idol. I set up a small couch for him and for John Huston to sit on together. All the lights were prepared in advance but when Welles arrived he was gigantic. He looked at the couch and said, "Impossible, if I sit down I'll never get up." I was so nervous, but I hid it well. Somehow new chairs were found and I ended up shooting one of my best portraits. I learned to never show fear to a subject. They are always nervous themselves and certainly don't need to feel it from the photographer.
M.S.: *When did you first show your "real work?"*
T.G.-S.: Moving from small format, 35mm and 2 1/4, to large format, 11 x 14 view camera portraits, was the seminal change for me. I slowed down, took only a few shots. I became much more concentrated in my work. In 1981 I first exhibited the *New York Artists of the 50's in the 80's*, a series of 40 large format 11 x 14 portraits of the Abstract Expressionists. Artists like deKooning, Krasner, Motherwell, Frankenthaler, Rauschenberg etc.
M.S.: *What gallery showed this work?*
T.G.-S.: Marcuse Pfeifer Gallery.
D.S.: *Oh, yeah. We sent Marcuse Pfeifer our slides and got rejected.*
T.G.-S.: Well, clearly she had bad taste … or good taste. [laughter]
D.S.: *When did you start to shoot other people, not just artists?*
T.G.-S.: As I became known for my artist portraits in the early 80's I slowly started to branch out. Finally, in 1986 Rei Kawakubo of *Comme des Garçons* asked me to photograph anyone I wanted in the artworld wearing her clothes. I did this pro-

187

D.S.: *Ah, sì. Alla Marcuse Pfeifer abbiamo mandato alcune nostre diapositive e siamo stati scartati.*

T.G.-S.: Chiaramente hanno cattivo gusto… oppure buon gusto! [Risata].

D.S.: *Quando hai cominciato a fotografare altre persone oltre agli artisti?*

T.G.-S.: Dopo esser diventato famoso per i miei ritratti di artisti agli inizi degli anni Ottanta, ho cominciato lentamente ad allargare la mia attività. Nel 1986 Rei Kawakubo di *Comme des Garçons* mi ha chiesto di fotografare chiunque mi andasse, del mondo dell'arte, con indosso i suoi vestiti. Ho collaborato a questo progetto di Rei per due anni, fotografando personaggi quali de Kooning, Schnabel, Rosenquist, Halley e voi due, ragazzi, quando eravate ancora gli Starn Twins… in tutto trentacinque persone dell'ambiente artistico. Ricordate quelle foto? Poi ho cambiato l'impostazione del progetto quando ho fatto amicizia con John Malkovich. A John piacevano i vestiti, così l'ho convinto a posare per *Comme des Garçons*. Questo è accaduto molto prima delle campagne di Gap e molto prima che i grandi stilisti usassero modelli famosi.

D.S.: *È con te, allora, che dobbiamo prendercela per l'attuale situazione del mondo della moda e per la sua mania dei nomi celebri?*

T.G.-S.: Certo!

M.S.: *Che cosa ti attira in una persona? Che cosa ti fa decidere di fotografare una certa persona in un certo momento?*

T.G.-S.: Se si tratta di un artista, è una specie di passaparola. Capita di sentir parlare dell'opera di qualcuno o di vedere un'opera in una galleria. Bisogna avere buone orecchie, non soltanto buoni occhi.

D.S.: *Hai mai fotografato qualcuno prima che diventasse grande?*

T.G.-S.: Sì. All'inizio degli anni Ottanta, avevo sentito parlare di tre giovani artisti italiani che si diceva avessero talento. Li ho chiamati e li ho fotografati… Clemente, Chia e Cucchi. Ho fotografato Cindy Sherman e Julian Schnabel nel 1979, molto prima che fossero famosi. Julian ha insistito che tornassi nel suo studio a vedere i dipinti, che allora vendeva per 5.000 dollari: bellissimi.

M.S.: *Che effetto fa fotografare una persona famosa o abituata a essere fotografata… come Jasper Johns, Lou Reed o Clemente ora? Come riesci a ottenere qualcosa di diverso con loro?*

T.G.-S.: Non è facile. Chi è celebre o è abituato a essere fotografato conosce la sua posa migliore. Nessun fotografo ci tiene a fare un ritratto che sembri uguale a quello di un altro. Cerco di far rilassare i miei soggetti e non scatto molte foto, perché la maggior parte della gente non sopporta sedute lunghe, neanche i professionisti. Io credo che se si scatta molto è perché non si sa bene cosa si vuole dal soggetto. Quando mi metto a fotografare un soggetto devo sapere dove voglio arrivare.

D.S.: *Quello che ci stupisce – e tu ci hai fotografati un bel po' di volte – è come riesci a tirar fuori queste immagini così perfette soltanto con pochi scatti.*

T.G.-S.: Fortuna. [Ride]

D.S.: *Molti sanno usare le macchine fotografiche per grande formato, ma tu lo fai con una tale disinvoltura: le tue foto non sono per niente artefatte. Ci sai fare con la gente.*

T.G.-S.: Sono uno psichiatra più che un fotografo.

D.S.: *Qual è la sua tecnica, dottor Greenfield-Sanders? Come s'inoltra nel ritratto? Come si spinge oltre l'essenziale?*

T.G.-S.: All'inizio lascio che il soggetto faccia a modo suo; psicologicamente, questo è l'approccio migliore. Poi, quando la persona è a proprio agio, ottengo quello che io voglio. Ricordati che quando si lavora in grande formato non si devo-

ject for Rei for two years, photographing people ranging from deKooning to Schnabel to Rosenquist to Halley to you guys, when you were still the Starn Twins … 35 artworld people in total. Remember those pictures? Eventually, I changed the direction of the project when I became friends with John Malkovich. John loved clothes and I convinced him to pose for *Comme des Garçons*. This was well before the *Gap* campaigns and long before the major fashion designers used celebrity models.

D.S.: *Can we blame you for the current condition of the fashion world and its celebrity mania?*

T.G.-S.: Absolutely.

M.S.: *What is it about a person that excites you? How do you decide who to photograph now?*

T.G.-S.: Well, if it's an artist it is usually a word of mouth thing. I would hear about someone's work or see the work in a gallery. One must develop good ears, not just good eyes.

D.S.: *Is there anyone you have shot before they made it big?*

T.G.-S.: Yes. In the early 80's I heard about these three young artists from Italy who were supposedly very talented. I called them up and photographed them … Clemente, Chia and Cucchi. I shot Cindy Sherman and Julian Schnabel in 1979, way before they were well known. Julian insisted I come back to his studio and see his plate paintings which were selling for $5000 dollars at the time. I loved them.

M.S.: *What's it like photographing someone who is famous or used to being photographed … like Jasper Johns, Lou Reed, or Clemente now? How do you get something different out of them?*

T.G.-S.: It's not easy. Celebrities or people who are photographed a lot tend to know their best angles. No photographer wants to take a portrait that looks like someone else's photograph. I try to relax my subjects. I do not shoot a lot of film because most people can't take long photo sessions, even professionals. To me shooting a lot means you don't know what you want from your subject. When I go into a session I have to know what I want to get out of it.

D.S.: *What's amazing to us, and you have photographed us a number of times, is how you get these perfect shots in just a few exposures.*

T.G.-S.: Luck. [laugher]

D.S.: *Many people can use large format cameras but you are able to do it so seamlessly. Your pictures are not stilted. You have a way with people.*

T.G.-S.: I'm really a psychiatrist more than a photographer.

D.S.: *What's your technique Dr. Greenfield-Sanders? How do you go further in a portrait? How do you go beyond the basic?*

T.G.-S.: I let the subject have his or her way at first. Psychologically that's the best approach. Then when I have them at ease, I get what I want. Remember, when you work in large format, you don't take a lot of shots. It's a very subtle thing, a photo session. People come to it with a lot of anxiety. You have to gain the subject's confidence. That's very important. The rest is second nature.

M.S.: *It's interesting to me that almost all of your pictures are more glamorous and beautiful than the subjects in real life.*

T.G.-S.: It's true. Most of the people I have photographed are hideously ugly and I've made them much more beautiful than they really are. Just kidding. I tend to romanticize people. My lenses are old and soft focus and my lighting is very smooth. Even with the 20 x 24 color polaroid camera which uses a modern lens, I light in a way that shows off the best in people.

M.S.: *That true. Chuck Close's 20 x 24 polaroids are very real and unflattering. And he uses the same camera and lens.*

T.G.-S.: My lighting is very different from Chuck's. He wants every pore to show. I don't.

D.S.: *Recently we've been looking at Nadar's work and see a con-*

no fare troppi scatti. Una seduta è una cosa molto delicata: la gente arriva piena di ansia, ed è molto importante guadagnarsi la loro fiducia. Il resto viene da sé.

M.S.: *Trovo interessante che quasi tutti i tuoi soggetti siano più affascinanti e più belli nella foto che nella realtà.*

T.G.-S.: È vero. La maggior parte di quelli che ho fotografato è orrendamente brutta, io li faccio sembrare tanto più belli. Scherzo! Tendo a romanticizzare le persone. I miei obiettivi sono vecchi, con una messa a fuoco piuttosto morbida, e le mie luci sono soffuse. Persino con una Polaroid a colori 20 x 24, che ha lenti moderne, riesco, con un certo uso delle luci, a far risaltare il meglio del soggetto.

M.S.: *Effettivamente. Nonostante Chuck Close utilizzi la stessa macchina fotografica e gli stessi obiettivi, le sue Polaroid 20 x 24 sono estremamente realistiche e impietose.*

T.G.-S.: Le mie luci sono molto diverse da quelle di Chuck: lui vuole che si veda ogni poro della pelle, io no.

D.S.: *Di recente abbiamo osservato le foto di Nadar e abbiamo visto una somiglianza tra voi due. Il suo lavoro è un ritratto dell'epoca. E il tuo?*

T.G.-S.: Speriamo. Un giorno, il mio archivio di artisti potrebbe essere un grande ritratto di quest'epoca; lo sapremo per certo fra mezzo secolo. Dentro c'è molto: gli espressionisti astratti, la serie dei critici, quella degli artisti dell'East Village, la serie *Comme des Garçons*, e centinaia di singoli artisti, architetti, poeti e designer. È un corpo d'opera molto consistente. Quanto alle celebrità e ai grandi della moda, vanno e vengono, ma probabilmente anche alcuni di loro caratterizzeranno la nostra epoca.

D.S.: *Penso che le persone che hai fotografato al di fuori del mondo dell'arte effettivamente caratterizzino il nostro tempo e la nostra cultura. Influenzano il mondo e "parlano" molto già ora… proprio come i ritratti di Nadar.*

T.G.-S.: D'accordo, se proprio insisti.

D.S.: *Scegli: Fellini o Pasolini?*

T.G.-S.: Molto difficile. In passato avrei detto Fellini, ma ora, forse, sempre di più direi Pasolini.

D.S.: *Brahms o Brecht?*

T.G.-S.: Questo è facile, Brecht.

D.S.: *Bordeaux o Bardot?*

T.G.-S.: Ottima domanda. Impossibile… tutt'e due.

M.S: Doughnut *o croissant?*

T.G.-S.: *Doughnut* senza dubbio. Ma soltanto quelli Krispy Kreme! Ora rovesciamo le parti. Vi faccio io qualche domanda. Fate ritratti?

D.S.: *Ci fotografiamo a vicenda, ma ormai non facciamo più molti ritratti.*

T.G.-S.: Quando li fate, qual è il vostro approccio?

M.S.: *Il contrario di quello che fai tu; noi non sappiamo come coinvolgere le persone. Probabilmente ci occuperemmo sempre delle luci e lasceremmo da parte il soggetto. Siamo più bravi a fotografare stelle nel cielo, rane, insetti.*

D.S.: Hai sentito che in Germania vogliono proibire i nomi doppi, dicono che fa casino. Dovresti scegliere l'uno o l'altro. Che cosa faresti?

T.G.-S.: Rinuncerei sia a Greenfield sia a Sanders e cambierei con Nadar.

"…s'io fossi Nadar", pubblicato in *Tema Celeste* 61, marzo-aprile 1997

nection between the two of you. Nadar's work was a portrait of the time. Is yours?

T.G.-S.: I would hope so. Certainly, my archive of artist portraits, should one day be a great portrait of its time. We'll know for sure in another half century. There is a lot here; the Abstract Expressionists, the Art Critics series, the East Village Artists, the *Comme des Garçons* series, hundreds of individual artists, architects, poets, and designers. It's a substantial body of work. As for the celebrities and fashion portraits, they come and go, but some of them will probably define our time also.

D.S.: *I think the people you have photographed outside the artworld do define our time and our culture. They affect the world and they say a lot about right now … just like Nadar's portraits did.*

T.G.-S.: OK, if you insist.

D.S.: *Pick one of the following. Fellini or Pasolini?*

T.G.-S.: That's very hard. It used to be Fellini, but maybe Pasolini more and more these days.

D.S.: *Brahms or Brecht?*

T.G.-S.: That's easy, Brecht.

D.S.: *Bordeaux or Bardot?*

T.G.-S.: That's very good. Impossible … Both.

M.S.: *Donuts or Croissants?*

T.G.-S.: Donuts for sure. But only Krispy Kreme! Let's reverse the interview. Let me ask you a few questions. Do you take any portraits?

D.S.: *We shoot each other, but we don't take many portraits anymore.*

T.G.-S.: But, when you take portraits, how do you approach them.

M.S.: *We are the opposite of you. We don't know how to engage people. We'd probably work on the lighting forever and ignore the subject. We are better photographing stars in the sky or frogs and bugs.*

D.S.: *Did you hear that Germany is outlawing hyphenated names? They feel it's too messy. You'd have to choose one or the other. What would you do?*

T.G.-S.: I'd drop both Greenfield and Sanders and change the whole thing to Nadar.

From *Tema Celeste international* 61, March-April 1997

Félix Nadar,
**Jules and Edmond
de Goncourt**, 1956.

Doug and Mike Starn,
artists, 1987,
color Polaroid,
20 x 24 inches.

Peter Halley

TIMOTHY GREENFIELD-SANDERS

Peter Halley,
artist/writer, 1993,
b/w contact print,
11 x 14 inches.

Il ruolo del fotografo ritrattista è quello di metterci di fronte a soggetti famosi, di portarci a tu per tu con persone che, a causa della loro celebrità, sono conosciute e viste da molti. Ed è proprio la scintilla sociale insita in quest'atto che spesso impedisce di analizzare il lavoro del fotografo ritrattista: le magiche immagini privilegiate che egli crea per noi tendono a velare la sua arte, sottraendola a ogni indagine.

Nel suo lavoro Timothy Greenfield-Sanders ha sempre giocato sulla tensione tra la sfolgorante mistica della fotografia e i suoi meccanismi prosaici. Le immagini che crea sono autorevoli e inquietanti; eppure formato e tecnica si ripetono, come se i soggetti fossero stati allineati, uno dopo l'altro, per foto segnaletiche scattate da un fotografo della polizia animato da divina ispirazione.

Greenfield-Sanders usa una macchina fotografica 11 x 14 pollici [28 x 35 cm] dell'anteguerra. Alla fine degli anni Settanta è stato uno dei primi fotografi a servirsi di un apparecchio per grande formato che permette di fare provini di stampa senza ingrandire il negativo. Poiché non amava l'effetto della pellicola a colori, ha lavorato per molti anni soltanto in bianco e nero. Tuttavia nel 1988 ha cominciato a utilizzare anche una Polaroid per formato 20 x 24 pollici [50 x 60 cm], con la quale ha realizzato a colori una serie di fotografie caratterizzata da una smorzata sensuosità. L'illuminazione che Greenfield-Sanders usa è abbastanza semplice: in studio illumina quasi sempre i suoi soggetti dall'alto e da destra. Nonostante l'evidente ripetitività di questa tecnica, è capace di raggiungere infinite sfumature di effetti scultorei. Si è anche servito per molti anni di un obiettivo d'antiquariato con una scala focale molto ridotta, cosicché nel suo spazio tridimensionale egli mette a fuoco soltanto uno stretto piano bidimensionale. Di solito risultano perfettamente a fuoco gli occhi del modello, mentre le mani, i vestiti e anche altre parti del viso sono più o meno sfocati a seconda della loro distanza dal piano focale. Da un punto di vista formale, Greenfield-Sanders è senz'altro un minimalista. E come accade nel caso di ogni minimalista di successo, ciascun elemento apparentemente semplice ha invece più livelli di significato. Perciò l'obiettivo fuori fuoco costringe l'attenzione a bloccarsi sugli occhi del modello; allo stesso tempo ci rende consapevoli della trasformazione dello spazio fisico in un piano bidimensionale; infine ricollega il lavoro di Greenfield-Sanders alla fotografia ottocentesca, in particolare all'ossessione del registrare.

Greenfield-Sanders è una specie di Atget della scena culturale contemporanea. Fin dai primi lavori anche lui, come Warhol, archivia maniacalmente le personalità dei mondi in cui abita. A

It is the role of the portrait photographer to bring us face-to-face with the famous, to bring us into intimate one-on-one contact with persons who, by nature of their celebrity, are known and seen by many. It is precisely the sharp social spark inherent to this act that often prevents us from analyzing the work of the portrait photographer. The privileged, magical images he creates for us tend to conceal his art from scrutiny. Throughout his work, Timothy Greenfield-Sanders has played on the tension between photography's glamorous mystique and its mundane mechanics. The images he creates are magisterial and brooding; yet the format and technique are repetitively the same, as if his subjects have been lined up, one after another, as if for mug shots by a divinely-inspired police photographer.

Greenfield-Sanders uses a pre-war 11" x 14" view camera. In the late 70's he was one of the first photographers to begin to employ a large-format camera that allows the photographer to make a contact print without enlarging the negative. For many years he worked only in black and white, since he disliked the feeling of color film. However, in 1988 he also began using the large-format 20" x 24" Polaroid camera with which he has developed a body of work in color photography of muted sensuousness. Greenfield-Sanders' lighting is quite simple. In the studio, he almost always lights his subject from the upper right. Despite the apparent repetitiveness of this technique, he is able to achieve endless nuances of sculptural effect. Greenfield-Sanders has also for many years used an antique lens which has only a very small focal range. By using this lens, only a narrow two-dimensional plane in his three-dimensional space is in focus. Usually the sitter's eyes are in sharp focus, while the hands, clothing, and even other parts of the face are more or less blurred in relation to their distance from the focal plane. Formally, Greenfield-Sanders is very much a minimalist. As with any successful minimalism, each seemingly simple element must carry multiple levels of meaning. Thus, the out-of-focus lens rivets our attention to the sitter's eyes; at the same time it makes us aware of the transformation of physical space onto a two-dimensional plane; lastly it links Greenfield-Sanders' work to nineteenth-century photography, in particular with its obsession with recording.

Greenfield-Sanders is a kind of Atget of the contemporary cultural scene. Like Warhol, from his earliest work he has been obsessed with archiving the personalities of the worlds he inhabits. Since 1980, he has shot portfolios of artists of the 50's, art critics, artist-photographers (his first Polaroid series),

partire dal 1980, ha realizzato serie di ritratti di artisti degli anni Cinquanta, di critici d'arte, di fotografi (la sua prima serie di Polaroid) e affidato agli annali centinaia di suoi contemporanei appartenenti al mondo dell'arte degli anni Ottanta e Novanta. Più di recente ha cominciato a fotografare attori e musicisti con la stessa inesauribile energia. Come altri aspetti della sua arte, la catalogazione di Greenfield-Sanders mette in luce due atteggiamenti contrastanti: da un lato egli fotografa tutti coloro che appartengono a un campo che gli interessa senza considerare le proprie opinioni circa il loro lavoro o il loro successo; dall'altro le sue serie riflettono sempre i suoi interessi personali. Per esempio, alla Columbia University, Greenfield-Sanders ha studiato Storia dell'arte, il che rende conto del suo interesse per i critici d'arte, mentre l'acuirsi della sua attenzione verso gli artisti degli anni Cinquanta è conseguenza del fatto che suo suocero è Joop Sanders, pittore della New York School.

Il modo in cui Greenfield-Sanders è diventato fotografo spiega il suo approccio al lavoro e alla carriera. Dopo aver frequentato la Columbia University, egli proseguì gli studi all'American Film Institute di Los Angeles con il desiderio di intraprendere una carriera nella cinematografia. Il corso al Film Institute consisteva nello studio intensivo di diversi attori e registi, ognuno dei quali visitava poi la scuola per incontrare gli studenti. La politica dell'AFI contemplava che questi ospiti così famosi fossero fotografati per l'archivio e le pubblicazioni dell'istituto. All'epoca nessuno degli aspiranti registi volle farsi carico di questo lavoro apparentemente di poco conto, eccetto Greenfield-Sanders, il quale fu ben felice dell'opportunità di conoscere e fotografare leggende viventi quali Bette Davis, Alfred Hitchcock, Ingmar Bergman e Satyajit Ray. Egli ricorda che proprio da questi grandi talenti cominciò a imparare l'arte della fotografia e dell'illuminazione – molti di loro erano infatti contentissimi di insegnare al giovane studente quale fosse la migliore angolazione o dove fosse meglio posizionare le luci.

La relazione psicologica di Timothy Greenfield-Sanders con i suoi soggetti è sottile e sfuggente. Diversamente, per esempio, da Hans Namuth che in un autentico modo esistenziale sentiva di poter penetrare l'interiorità dei suoi soggetti in un momento decisivo, Greenfield-Sanders preferisce lavorare dall'esterno verso l'interno. La seduta per un ritratto comincia con un'amichevole tazza di caffè insieme al fotografo nella luminosa cucina della sua casa-studio nell'East Village. Come egli stesso spiega, la prima mossa consiste nel mettere l'ospite a suo agio, nel convincerlo che l'avventura nel regno del fotografo sarà piacevole. Nel contempo questo semplice rito gli permette di raccogliere inconsciamente idee sul modo di avvicinarsi al soggetto. Fotografo e modello si trasferiscono quindi nello studio al piano inferiore,

and has generally chronicled hundreds of his contemporaries in the art worlds of the 80's and 90's. More recently he has started photographing actors and musicians with the same endless energy. Like other aspects of his art, Greenfield-Sanders' cataloguing reveals two contrasting agendas. On the one hand, Greenfield-Sanders will photograph everyone and anyone in a field that he is interested in without regard for his personal feelings about their work or achievement. On the other hand, his series always reflect his personal interests. For example, as a student at Columbia University, Greenfield-Sanders studied art history, leading to his interest in art critics. His father-in-law is the New York School painter Joop Sanders, a personal connection that piqued the photographer's interest in artists of the 50's.

How Greenfield-Sanders became a photographer is reflective of his approach to his work and career. After attending Columbia, Greenfield-Sanders went on to study at the American Film Institute in Los Angeles, fully expecting to begin a career in movie-making. The course at the Film Institute consisted of intensive study of different actors or directors, after which each of them would visit the school to speak with the students. It was part of AFI's policy that each of these famous visitors would be photographed for the school's archives and publications. At the time, none of the aspiring young movie-makers wanted to take on this seemingly menial job, except for Greenfield-Sanders, who was delighted at the opportunity to meet and photograph such film legends as Bette Davis, Alfred Hitchcock, Ingmar Bergman, and Satyajit Ray. Greenfield-Sanders recalls that it was from these great talents that he began to learn the arts of photography and lighting— as most of them were only too happy to instruct the young student on which would be the best camera angle or where he should position his lights.

Timothy Greenfield-Sanders' psychological relationship to his subjects is subtle and elusive. Unlike, say, Hans Namuth who in true existential fashion felt he could penetrate the inner being of his subjects at a decisive moment, Greenfield-Sanders prefers to work from the outside in. Typically, a portrait session will start with a sociable cup of coffee with the photographer in the light-filled kitchen of his East Village home and studio. As Greenfield-Sanders explains, it is his first job to put his visitors at ease, to convince his sitters that their venture into the photographer's domain will be a pleasant one. At the same time, this simple ritual allows the photographer to subconsciously gather ideas about how to approach his subjects.

Then, photographer and sitter proceed to the downstairs stu-

Rosalind Krauss, *art critic,* 1982, b/w contact print, 11 x 14 inches.

Timothy Hutton, *actor,* 1996, b/w contact print, 11 x 14 inches.

John Leguizamo, *actor,* 1993, b/w contact print, 8 x 10 inches.

dove l'ospite probabilmente si stupirà di scoprire che, nonostante l'atmosfera alla buona, l'enorme macchina fotografica, i supporti della pellicola e l'ultramoderna attrezzatura per le luci sono stati perfettamente preparati in anticipo, così da lasciare il fotografo libero di concentrarsi sul soggetto. Dopo che è stata scelta la posa, Greenfield-Sanders chiede al modello di rilassare il viso, eliminando ogni traccia di espressione in modo da poter "iniziare con niente". Ciò permette al fotografo di focalizzare la sua attenzione sul carattere scultoreo del volto e del corpo del soggetto, consentendo intanto alle sfumature emotive di emergere in questo confronto formale tra modello e fotografo. L'atteggiamento di Greenfield-Sanders è rispettoso: non sonda né cerca difetti nel modello. Eppure, dalla situazione formale e controllata in cui lavora nascono immagini di grande potere psicologico. Mentre taluni fotografi cercano di catturare un momento o un'espressione, una foto di Greenfield-Sanders definisce il suo soggetto in modo più atemporale. Con malia ci viene fornita un'immagine di come una persona *è*.

dio where the visitor may be surprised to find that, despite the casual atmosphere, the huge camera, the film holders, and the ultra-modern lighting equipment have all been perfectly set-up beforehand, leaving the photographer free to concentrate on his sitter. After a pose has been arrived at, Greenfield-Sanders asks the sitter to relax his or her face, removing any trace of expression so that the photographer can "start with nothing". This allows the photographer to focus on the sculptural character of the sitter's face and body while, at the same time, permitting nuances of emotion to emerge from this formal confrontation between the sitter and the photographer. Greenfield-Sanders' attitude is respectful. He does not probe or look for flaws in his subject. Yet from the formal, controlled situation in which he works, images of great psychological power emerge. While some photographers try to capture one moment or one expression, a Greenfield-Sanders photograph defines its subject in a more atemporal way. Hauntingly, we are given an image of how a person *is*.

Susan Sontag, *writer*, 1999, b/w contact print, 11 x 14 inches.

Tori Spelling, *actor*, 1999, color Polaroid, 20 x 24 inches.

Matthew Modine, *actor*, 1993, b/w contact print, 11 x 14 inches.

Nello stesso tempo, le sue fotografie sollevano quasi sempre la questione della relazione tra la figura pubblica e il sé privato, e anche tra la mente dentro e il corpo fuori. In modo quasi derisorio, egli crea così un'acuta tensione tra il suo interesse per il volto e quello per il corpo in quanto superfici scultoree viventi, e nel frattempo attira l'attenzione verso ciò che rimane nascosto, senza mai, tuttavia, svelarlo. Oserei dire che per Timothy Greenfield-Sanders l'anima è una monade leibniziana, presente ma inconoscibile.

At the same time, Greenfield-Sanders' photographs almost always raise the questions of the relationship between the public persona and the private self and even between the mind within and the body without. In an almost taunting way, he creates an exquisite tension between his concern with the face and body as living sculptural surfaces while drawing attention to, yet never telling us, what lies within. I would venture to say that for Greenfield-Sanders the soul within is a Leibnitzean monad, present but unknowable.

Da *Timothy Greenfield-Sanders, Selected Portraits 1985-1995*, catalogo della mostra, Kunst-Station Sankt Peter, Köln, gennaio-febbraio 1996; pubblicato con il titolo "Timothy Greenfield-Sanders" in *Tema Celeste* 61, marzo-aprile 1997

From *Timothy Greenfield-Sanders, Selected Portraits 1985-1995*, Exhibition Catalogue, Kunst-Station Sankt Peter, Köln, January-February 1996

Demetrio Paparoni

TIMOTHY GREENFIELD-SANDERS

Demetrio Paparoni,
art critic/writer, 1991,
b/w contact print,
11 x 14 inches.

Demetrio Paparoni: *Per i tuoi ritratti utilizzi da oltre vent'anni, cioè sin dagli esordi, una tecnica molto tradizionale: la tua macchina fotografica, uno sfondo e un faro da una parte, la persona dall'altra. Molti artisti oggi manomettono col computer le immagini originali, ne modificano uno o più dettagli artificialmente. Il sapere che questa pratica trova molti consensi ti fa sentire anacronista?*

Timothy Greenfield-Sanders: Mi interessa molto il computer e lo uso, ma non per i miei ritratti. Manipolare un'immagine con il computer è facile, ma la cosa non mi attrae. Mi interessa la persona e non voglio cambiarne la realtà. Con il computer si può modificare lo sfondo, il volto, correggere i lineamenti, cambiare il colore della pelle, ma nel mio lavoro il fine è diverso: far sì che la persona emerga attraverso la fotografia. L'attenzione è tutta su una sua qualità o caratteristica, sulla sua personalità in generale. Colloco la macchina davanti al soggetto e, nonostante io intervenga con manipolazioni segrete, cerco di far sì che egli sia molto rilassato. Un po' come faceva Andy Warhol quando, piazzato l'apparecchio davanti alla persona, se ne andava via.

D.P.: *Quali sono queste manipolazioni segrete a cui ti riferisci?*

T.G.-S.: Cerco di aiutare a rilassarsi chi non sa come posare o tenta di posare troppo – nessuno dei due atteggiamenti è buono. Faccio sedere la persona in un certo modo, le faccio spostare la testa in una posa che non le crei tensione, che le appaia spontanea.

D.P.: *Ci sono artisti che usano la fotografia e nello stesso tempo dichiarano di non essere interessati alla qualità della riproduzione.*

T.G.-S.: Conosco bene la tradizione della fotografia, da sempre. Già agli inizi sapevo perfettamente come ottenere una ripresa giusta e una stampa perfetta, senza graffi. Quando ho visto le fotografie di Mike e Doug Starn ho pensato che forse la forma perfetta non era poi così importante: le foto potevano essere strappate, ingrandite, graffiate e ogni tecnica faceva parte di quest'arte. Adesso, anche se le mie fotografie sono sempre molto curate, non mi preoccupo granché di queste cose. Secondo me, molti di quelli che usano questo *medium* – Cindy Sherman, gli Starns, Barbara Kruger, John Baldessari per esempio – non pensano alla fotografia, la usano e basta: per loro il mezzo non è importante. Nel mio caso invece costituisce l'aspetto primario del mio lavoro. Warhol ci ha reso consapevoli che l'essere artista non implica più, necessariamente, realizzare un dipinto: si può far teatro, suonare in una rock band, produrre una rivista. Lui stesso era coinvolto in tante cose diverse. Anch'io faccio molte cose che vanno oltre la fotografia tradizionale; in questo momento, per esempio, sto girando e producendo un film su Lou Reed.

Demetrio Paparoni: *Since your very first portraits over twenty years ago, you have used a highly traditional technique: your camera, a background with lighting to one side and the subject to the other. Today many artists manipulate the original photo with the help of a computer, they alter one or two details artificially. Do you feel anachronistic when you hear that this practice is widely accepted?*

Timothy Greenfield-Sanders: I'm fascinated by the computer and I use it a lot, but not for my portraits. It's easy to manipulate an image with the computer but it doesn't attract me. I am interested in the person and I don't want to change his reality. With the computer you can change the background, the face, correct the features, change the color of the skin, but the aim of my work is different: it's to make sure that the person emerges through the photograph. The whole attention is given to a certain quality or characteristic, to the sitter's personality in general. I put the camera in front of the subject and, even though I do some secret manipulation, I do my very best to get the sitter to relax completely. A bit like Andy Warhol, who put the camera in front of the person and then went away.

D.P.: *What exactly are these secret manipulations you're talking about?*

T.G.-S.: I try to help out those people who either don't know how to pose or who try too hard—neither attitude is a good one. I ask them to sit in a certain way, I make them pose their head in a way that won't cause any tension and that seems spontaneous.

D.P.: *Some artists use photography and yet, at the same time, say they are not interested in the quality of the result.*

T.G.-S.: I know the photographic tradition very well, and I always have. Even at the start I knew perfectly well how to get the right shot and make a perfect print without scratches. When I saw the work of Mike and Doug Starn I thought that perhaps perfect form might not be so important: photos could be torn, enlarged, scratched, and that all techniques were part of this art. Now, even though my photos are always well produced, these things don't matter to me much. As far as I'm concerned, many of those using this medium—Cindy Sherman, the Starns, Barbara Kruger, and John Baldessari for example—don't think about photography, they simply get on and use it: for them the medium isn't important. In my case instead it is the primary aspect of my work. Warhol made us all aware that being an artist doesn't necessarily mean producing a painting anymore: you can make theater, play in a rock band, produce a magazine. He himself was involved in many different things. I do many things too that go beyond traditional photography. At the

D.P.: *Se dovessi nominare un riferimento storico in un artista del passato, chi sceglieresti?*

T.G.-S.: Rembrandt… [ride]. Nadar, Cameron, e poi, un po' più tardi, August Sander e negli anni Cinquanta Irving Penn.

D.P.: *Quando fai una foto ti poni il problema di essere stilisticamente innovativo rispetto ai tuoi predecessori?*

T.G.-S.: Mi considero un minimalista, in quanto lavoro entro limiti molto rigidi. I miei ritratti sono grandi: utilizzo un formato 11 x 24 pollici [28 x 35 cm], o Polaroid verticali 20 x 24 pollici [50 x 60 cm], con una sola luce, di solito in bianco e nero, e uno sfondo neutro. Il grande formato è una sfida a me stesso: prima di cominciare devo sapere che cosa voglio, non posso fare scatti a ruota libera e sperare che fra tanti ce ne sia uno buono. Quindi nel mio lavoro mi impongo restrizioni severe. Poi, all'interno di questi limiti, ci sono variazioni molto sottili. Anche l'espressione del soggetto è minimale, non ci sono grandi gesti, la posa è essenziale, il linguaggio è semplice. È soprattutto il volto ciò che mi interessa, più del corpo intero. Mi interessano gli occhi, ciò che essi esprimono.

D.P.: *Hai spesso dichiarato di amare molto Nadar. Nadar è un fotografo-fotografo, un fotografo-artista o un artista-fotografo?*

T.G.-S.: Nadar è ogni cosa e, se sono fortunato, anch'io potrei essere ogni cosa. Mi considero un fotografo perché uso la macchina fotografica e faccio ritratti; faccio un tipo di fotografia molto tradizionale. Ma, certo, mi considero anche un artista e non credo che tra le due cose ci debba essere per forza una distinzione netta. In passato la distinzione poteva essere legittima, oggi non più, perché è possibile essere entrambe le cose insieme. Il mondo è molto cambiato: per esempio, chi elabora le foto con un computer è un esperto di computer o un fotografo? È un artista e basta! Non importa come lavora: ciò che conta è il risultato finale.

D.P.: *Continuiamo il gioco della ricerca delle definizioni. Sicuramente sei un fotografo-critico, nel senso che privilegi personaggi estremamente significativi del mondo dell'arte, del cinema o della musica. Si capisce che i soggetti sono scelti in funzione di un giudizio critico del loro lavoro.*

T.G.-S.: Sono uno snob. Amo il mondo dell'arte, non mi interessa fotografare idraulici o operai, come può aver fatto August Sander. È il mondo dell'arte e del cinema che mi attrae, l'ambiente in cui ho maturato – sono laureato in storia dell'arte, dunque sono sempre stato a stretto contatto con artisti, critici, storici dell'arte. Sono uno specialista. È un campo che amo molto.

D.P.: *Qualcuno potrebbe ribattere che questo non basta. Molti artisti, per esempio, sono politicamente impegnati: il mondo che tu*

moment, for instance, I'm shooting and producing a film about the life of Lou Reed.

D.P.: *If you had to choose a photographer from the past, who would it be?*

T.G.-S.: Rembrandt … [laughs]. Nadar, Cameron and then, somewhat later, August Sander and in the fifties, Irving Penn.

D.P.: *When you take a photograph, do you have the problem of being stylistically innovative with respect to your predecessors?*

T.G.-S.: I think of myself as a minimalist since I work within very strict limits. My portraits are large: I use an 11 x 14 inch format or a vertical 20 x 24 inch Polaroid, usually in black and white, with a single strobe and a neutral background. This large format is a challenge to me: before beginning I need to know what I want, I can't just shoot and hope that one shot might turn out to be a good one. So I impose severe restrictions on my work. Then, within these limits, there are many subtle variations. Even the subject's expression is minimal: there are no large gestures, the pose is basic, the language is kept simple. Above all I'm interested in the face rather than the whole body. I'm interested in the eyes, in what they express.

D.P.: *You have often spoken about your admiration for Nadar. Is Nadar a photographer-photographer, a photographer-artist, or an artist-photographer?*

T.G.-S.: Nadar is everything and perhaps—if I'm lucky—I might become everything too. I think of myself as a photographer because I use a camera and I make portraits: I do a very traditional kind of photography. But obviously I also consider myself an artist and I don't think there must necessarily be a sharp distinction between the two. In the past this might have been legitimate but not today as it is now possible to be both together. The world has changed a lot. For example, is someone who elaborates photographs with the computer a computer-expert or a photographer? He's an artist, and that's all! It doesn't matter how he works, what counts is the final result.

D.P.: *Let's carry on with this game of searching for definitions. You are obviously a photographer-critic in that you give precedence to people who are highly representative of the world of art, of movies, and of music. It's obvious that you choose your subjects in relation to a critical judgment of their work.*

T.G.-S.: I'm a snob. I love the art world. I'm not interested in photographing plumbers or factory-hands as August Sander might have done. I'm attracted by the world of art and the cinema, the environment I matured in. I have a degree in art history and so I've always been in close contact with artists, critics, art historians. I'm a specialist in this field. It is an area that I truly love.

D.P.: *It might be said that that's not enough. Many artists, for instance, are politically engaged. The world you portray does not show suffering but just the wish to be a protagonist: you aim your lights at people who know they are living out their existence in a heroic dimension. You certainly do not go out onto the streets in search of the poor. I don't know if you have ever been called "politically incorrect"—I hate this term, I find it stupid—I wonder if you have ever posed yourself this problem. Art, photography: what use are they?*

T.G.-S.: Even though at a personal level I'm politically involved, I'm not a social photographer. I serve on the board of directors of two organizations that work with struggling artists, but photographing poverty is not my ambition. I make studio portraits, not outside views of the world. I wouldn't be particularly good at doing work of that kind. I am socially conscious in another way, not through my art, but through my activity with Volunteer Lawyers for the Arts and Creative Time, two fantastic New York art related organizations. My portraits are documents of the art world at the last half of the twentieth century. Nadar's pho-

ci mostri non esprime sofferenza ma protagonismo, accende i riflettori su persone che sanno di vivere la propria esistenza in una dimensione eroica. Non vai certo in giro per le strade a fotografare la povera gente. Non so se qualcuno ti abbia mai detto che sei "politicamente scorretto" – io non amo questo termine, lo trovo stupido – mi chiedo se tu ti sia mai posto il problema. L'arte, la fotografia, a cosa servono?

T.G.-S.: Anche se nella mia vita privata sono impegnato politicamente, non sono un fotografo sociale. Faccio parte del Consiglio d'Amministrazione di due organizzazioni che lavorano con gli artisti in difficoltà, ma non mi interessa fotografare la povertà. Faccio ritratti in studio, non foto del mondo esterno. Non sarei particolarmente bravo a realizzare un lavoro di quel tipo, perché non mi interessa. Sono sensibile al sociale, in un altro modo, non attraverso la mia arte, ma attraverso la mia attività presso i Volunteers Lawyers for the Arts e Creative Time [Avvocati Volontari per le Arti e il tempo Creativo], due fantastiche organizzazioni newyorchesi legate all'arte. I miei ritratti sono documenti del mondo dell'arte della seconda metà del ventesimo secolo. Le fotografie di Nadar rappresentano un certo periodo, lo documentano. Fra cento anni, spero che le mie fotografie saranno considerate nello stesso modo. Servono a registrare e documentare il mondo in cui ho vissuto, il mondo dell'arte.

D.P.: *Hai mai pensato che, fra qualche tempo, questa tua raccolta di ritratti diventerà una galleria di persone che non ci sono più? Hai mai pensato al tuo lavoro in rapporto al fatto che fissi un mondo destinato a scomparire nel tempo? Ci sono foto che guardate anche dopo cento anni ci fanno esclamare: "Guarda com'era vitale, quella persona!" – una persona carica di erotismo, per esempio, lo è anche di vitalità. Le persone da te ritratte, invece, non esprimono una carica erotica o sessuale e, nonostante la loro importanza storica, esse sono come congelate, fuori dal tempo. Così nei tuoi ritratti c'è l'essenza della persona ma non la sua vitalità.*

T.G.-S.: Uno degli aspetti più incredibili della fotografia è che nel momento in cui scatti, il momento è già andato. Una foto documenta un breve attimo della vita di una persona; non è più possibile tornare indietro. E questo vale anche per un ritratto, una scena erotica o un paesaggio. Certo, anch'io come tutti penso al tempo che scorre, ma non credo che questo influisca sul modo in cui scatto una foto.

D.P.: *Poiché l'erotismo è in ciascuno di noi, è la nostra vitalità, non può essere casuale il fatto che hai messo da parte questo aspetto. Vorrei capire bene perché non ti interessa esplorarlo: per motivi religiosi?*

T.G.-S.: Non ho religione. Sono contro la religione. L'erotismo l'abbiamo sempre visto in fotografie di cattivo gusto. In queste foto molte persone sono attratte soltanto dal contenuto – non sto parlando della foto d'arte, ma di *Playboy*, della pornografia. Il mio lavoro è anni luce da ciò. Non mi interessa l'attrazione, anche se faccio fotografie di moda. Soprattutto credo che, in fotografia, il confine tra erotismo e pornografia sia molto sottile.

D.P.: *È anche vero, però, che sono stati rilevati a volte punti di contatto tra erotismo e mistica. Basti pensare a santa Teresa e a san Giovanni della Croce, oppure alle teorie di Bataille, che esplora anche i punti di contatto tra erotismo e religione. Nelle foto di Mapplethorpe, per ricondurci al nostro tempo, c'è una grande spiritualità e religiosità – direi che il sesso si eleva, in alcuni soggetti, alla sfera dell'estasi e l'accoppiamento diviene rito.*

T.G.-S.: Non credo che spiritualità abbia molto a che fare con la religione; la religione organizzata è la cosa peggiore al mondo. Esiste per controllare e sottomettere le donne. Sono molto interessato alla spiritualità, ma non alla religione. E non sono neppure convinto che ci sia un legame tra erotismo e religione.

D.P.: *Hai un'idea molto precisa sulla religione. In qualche modo*

---

tographs represent a certain period, they document it. In a hundred years' time I hope that my photos will be viewed similarly. They serve to record and document the world in which I have lived, the art world.

D.P.: *Have you ever considered the fact that, at some future time, this collection of photos of yours will be a gallery of people who no longer exist? Have you ever thought of your work in relation to the fact that you are fixing a world destined to disappear in time? There exist photographs that, looked at after a hundred years, make us exclaim: "Look how full of life that person is!" A person with a high erotic energy, for example, is also full of vitality. The people you portray, instead, never possess an erotic or sensual component and, despite their historical importance, they are virtually frozen, they stand outside time. In your portraits, the essence of the person is there, but there is never this vitality.*

T.G.-S.: One of the most incredible aspects of photography is that the moment you take a shot, that moment has already gone. A photograph documents an instant in the life of a person; it's no longer possible to go back. And this is also true for a portrait, an erotic scene or a landscape. Of course, like everybody else I think about the passing of time, but I don't think this has any influence on the way I take a photographs.

D.P.: *But since we all have an erotic, a vital spark, it can't just be by chance that you have pushed this aspect aside. I want to know why you are not interested in exploring it. Is it for religious reasons?*

T.G.-S.: I'm not religious. I'm against religion. Eroticism has always been seen in photographs in very bad taste. In this kind of photography people are attracted only to the content: I'm not talking about art photography but of *Playboy*, of pornography. My work is light years away from that. I'm not interested in attraction, even if I'm also a fashion photographer. And what's more I believe the boundary between eroticism and pornography in photography is very slim.

D.P.: *But it is also true that points of contact have been identified between eroticism and mysticism—just think of St. Teresa or of St. John of the Cross, or of Bataille's theories which even explore the points of contact with religion. In Mapplethorpe's work, to return to our own times, there is a great sense of spirituality and religiosity: I'm almost tempted to say that in certain subjects sex becomes elevated to the sphere of ecstasy and that copulation becomes a rite.*

T.G.-S.: I don't think spirituality has much to do with religion. I think organized religion is the worst thing in the world. Religion exists to control and dominate women. I'm interested in spirituality, but not in religion. Nor am I convinced that there's a link between eroticism and religion.

Cindy Sherman,
Untitled, C, 1975,
50,8 × 40,6 cm.
Courtesy: Metro
Pictures, New York.

Robert Mapplethorpe,
Cindy Sherman, 1983,
Gelatin silver print,
50 × 40 cm.
Courtesy: Robert
Mapplethorpe
Foundation, New York.

esprimi questo tuo pensiero anche nelle foto?

T.G.-S.: Credo che le mie foto siano molto spirituali: il minimalismo e la spiritualità sono connessi. In un certo senso spero che i miei ritratti si spostino su un piano superiore, che permettano di pensare all'esistenza umana in termini sia limitati che illimitati.

D.P.: *Il lavoro che fai con la moda è importante tanto quanto i ritratti o è un lavoro minore?*

T.G.-S.: Considero il lavoro sulla moda unicamente come ritratti di moda. Non sono particolarmente interessato al mondo della moda. Mi affascina la creatività che c'è dietro la moda, la spinta, l'eccitazione, il *glamor*. Tuttavia, sempre nelle mie foto sulla moda, l'attenzione è rivolta alla persona, non soltanto all'abito. Poi c'è la serie dei "replicanti": ho usato delle "star virtuali", una sosia di Marilyn Monroe, di Bette Davis, di Elvis e di altri, per fare una satira della moda di Hollywood. Ho fatto anche una serie di immagini sulla moda di New York, che esemplifica lo stile chic di New York. Gusto contro cattivo gusto, New York contro Hollywood.

D.P.: *Non pensi che nella serie dei replicanti ci siano forti implicazioni sociali? Queste foto sono più vicine alle immagini di Diane Arbus.*

T.G.-S.: Diane Arbus fotografava persone reali, non creava una situazione. Io invece in quei lavori ho costruito una situazione satirica. Diane Arbus capisce la sofferenza dei suoi soggetti. In lei non c'è satira.

D.P.: *Come è nata l'idea di fare un film sulla vita di Lou Reed?*

T.G.-S.: Ho passato molto tempo con Lou Reed negli ultimi due anni. Siamo diventati amici e abbiamo viaggiato insieme in Italia, a Parigi, in Spagna, insomma per tutta Europa. Avevo con me una telecamera e dietro il palco ho girato scene private di Lou Reed e di David Bowie al Madison Square Garden. Ho registrato Lou mentre leggeva poesie al St Marks durante il Bowery Festival. Con le cinquanta ore di materiale che avevo, la mia proposta di fare un documentario su Lou Reed è stata accettata dall'American Master Series. Avendo studiato all'American Film Institute, ho una certa esperienza nel fare film. Lou Reed è popolare in tutto il mondo, non solo negli Stati Uniti, ma anche in Europa e perfino in Giappone. Il mio film, *Lou Reed: Rock and Roll Heart*, documenta la vita artistica di Lou Reed, il grande poeta del mondo rock.

D.P.: *Stare dietro l'obiettivo fotografico e stare dietro una telecamera è la stessa cosa?*

T.G.-S.: È molto simile. Quando faccio foto, infatti, è come se fossi un regista. E sono molto a mio agio con le persone, sono fortemente convinto che per un ritrattista è importante avere facilità di rapporto con il proprio soggetto. Questo vale anche per un regista. Mi sento a mio agio con il linguaggio cinematografico.

D.P.: *Ritieni che ogni fotogramma di questo film sia l'equivalente di una tua foto?*

T.G.-S.: Ho girato in video, non su pellicola. Ma, no, non penso che ogni fotogramma equivalga a una foto. Il film non è semplicemente un momento visivo, unisce suono, editing, dialogo, tanti elementi che devono prender vita.

D.P.: *Ti identifichi molto con la città di New York. Potresti essere quello che sei anche vivendo in un'altra parte del mondo?*

T.G.-S.: New York è il luogo in cui si trova il mio mondo. La gente che mi interessa vive a New York o viene a New York. Per natura sono veramente newyorchese, nel senso che ho molta energia, mi piace fare cento cose alla volta. So che è un cliché trito, ma amo New York!

New York, luglio 1997

D.P.: *You have very precise ideas about religion. Do you in some way express this in your photography?*

T.G.-S.: I consider my photographs highly spiritual; minimalism and spirituality are connected. In a certain sense I hope that my portraits move to a higher plain, to allow one to think of the human existence in both limited and limitless terms.

D.P.: *Is your fashion work as important as your portraits or is it a lesser interest?*

T.G.-S.: I think of my fashion work simply as fashion portraits. I'm not particularly interested in the fashion world. I'm fascinated by the creativity behind fashion, the drive, the excitement, the glamor. But always in my fashion photographs the attention is drawn to the person, not just to the clothes. I made a series of "look-alike" images in which I used "virtual stars", a fake Marilyn Monroe, Bette Davis, Elvis and others to satirize Hollywood fashions. I've also created a New York "fashion series", which exemplified the chic of New York. Taste vs bad taste, New York vs. Hollywood.

D.P.: *Don't you think that in your series of "look-alikes" there might be strong social implications? These photographs are similar to Diane Arbus's images.*

T.G.-S.: Diane Arbus photographed real people, she didn't create a situation. Instead, in these works I constructed a satyrical situation. Diane Arbus understood the suffering of her subjects. There is no satire in her work.

D.P.: *How did the idea of making a film about Lou Reed come about?*

T.G.-S.: I've spent a lot of time video taping Lou Reed over a two years period. We've become friends and traveled together to Italy, Paris, Spain, in fact, all over Europe. With my video-camera I shot private scenes of Lou Reed and David Bowie backstage at Madison Square Garden. I taped Lou reading poetry at the St. Marks in the Bowery poetry festival. With fifty hours of material, my proposal to make a documentary on Lou Reed was accepted by the American Masters Series. I have a Masters Degree in film from the American Film Institute, so I had some experience in filmmaking. Lou Reed is popular worldwide, not only in the States, but also in Europe, and even Japan. My film, *Lou Reed: Rock and Roll Heart* documents the artistic life of Lou Reed, the great poet of the rock world.

D.P.: *Is looking through a photographic lens and a movie camera the same thing?*

T.G.-S.: It's very similar. In fact when I shoot a photograph, I feel a bit like a director. I'm very comfortable with people and I strongly believe that for a portraitist it is very important to have a good relationship with your subject. For a film director this also holds true. And, I feel really at home with the language of the cinema.

D.P.: *Do you consider each frame of the film the equivalent of a photograph of yours?*

T.G.-S.: Actually I shot with videotape, not with film! But, no I do not think that each film frame equals a photographic frame. Film is not just a visual moment, it combines sound, editing, dialogue, so many elements to come alive.

D.P.: *You have a deep feeling for New York. Would you still be what you are even if you lived in another part of the world?*

T.G.-S.: New York is where my world is. The people who interest me live in New York, or come to New York. And, by nature I'm a genuine New Yorker in the sense that I have lots of energy and like to do a hundred things at the same time. I know it's a dull cliché, but I love New York!

New York, July 1997

Da D. Paparoni, *Il corpo parlante dell'arte*, Castelvecchi, Roma 1997

From D. Paparoni, *Il corpo parlante dell'arte*, Castelvecchi, Roma 1997

Stephen Greco

VIRTUOSITY

Stephen Greco, *writer*, 2000, b/w contact print, 11 x 14 inches.

Poster of the film
Lou Reed: Rock and Roll Heart.

Timothy Greenfield-Sanders ha la speciale abilità di far sembrare reali i grandi che fotografa. Il fatto che i suoi soggetti abbiano dovuto ritagliare il tempo per una breve seduta di posa nelle loro giornate fitte di importanti affari di Stato, o di prove di un'opera famosa, o di lavoro per una prossima mostra o una sfilata di moda spesso sembra diventar parte della foto stessa. Greenfield-Sanders è la persona da cui vanno quelli del *New York Times magazine* quando hanno bisogno di un ritratto, diciamo, della signora Ruth Bader Ginsberg, Giudice della Corte Suprema, da mettere in copertina – solo lui, infatti riesce, editorialmente parlando, a catturare con lo scatto non soltanto la storia, ma anche il territorio. Questa abilità è uno dei motivi per cui Greenfield-Sanders è risultato essere la persona naturalmente adatta a dirigere il film su Lou Reed, uno di coloro che negli ultimi trent'anni si è maggiormente industriato nel registrare la realtà. Con il titolo *Lou Reed: Rock and Roll Heart*, il film è uscito su PBS nel mese di aprile su tutto il territorio nazionale; presenta interviste con David Bowie, David Byrne, Patti Smith, Suzanne Vega, Philip Glass, Dave Stewart, Vaclav Havel e molti altri.

Stephen Greco: *Come è nato questo film su Lou Reed?*
Timothy Greenfield-Sanders: Era quasi inevitabile che io facessi questo film. Mi sono innamorato di Lou Reed all'età di sedici anni, nel momento in cui ho ascoltato il suo primo album *Velvet Underground*. In un certo senso è stato questo a farmi conoscere Warhol, e così sono venuto a New York. Lou Reed ha sempre avuto una grande parte nella mia vita, come l'ha avuta per molti altri artisti. Quello è davvero suo territorio. Anni fa mi è stato chiesto di fargli un ritratto per un articolo su una rivista e abbiamo simpatizzato. La volta successiva in cui gli hanno chiesto di posare per una foto, ha detto che voleva me. Con il tempo siamo diventati amici. Poi sono arrivati gli inviti ai concerti e agli eventi a cui partecipava, oppure capitava che mi trovassi a Venezia insieme a lui. Portavo con me la macchina fotografica, poi ho cominciato a usare il video.
S.G.: *Quanto tempo fa?*
T.G.-S.: Quattro o cinque anni fa. Ho cominciato a fotografare queste cose per me stesso. Alla fine mi sono ritrovato con un bel po' di pellicola e ho pensato che potevo ricavarne un buon film, uno schianto di film, in Super-8. Mi piaceva quello che era stato fatto su Elton John dal suo amico David Furnish.
S.G.: *Me lo ricordo.*
T.G.-S.: Mi pareva così perfetto, ed era stato fatto con pochi soldi.

Timothy Greenfield-Sanders has a knack for letting great people look real in his photographs. The fact that his subjects have had to wedge a short sitting into days filled with weighty affairs of state, or rehearsals for an important opera, or studio time devoted to an upcoming art show or fashion collection, often seems to become part of the photographs. Greenfield-Sanders is the one whom the *New York Times magazine* comes to when they need a cover portrait of, say, Supreme Court Justice Ruth Bader Ginsberg—because he manages, editorially speaking, to capture in the shot not just the story but the territory. This knack was one thing that made Greenfield-Sanders such a natural to direct a film about Lou Reed, one of the most industrious reality checkers of the last 30 years. Entitled *Lou Reed: Rock and Roll Heart*, the film premiered nationwide on PBS in April and features interviews with David Bowie, David Byrne, Patti Smith, Suzanne Vega, Philip Glass, Dave Stewart, Vaclav Havel, and many others.

Stephen Greco: *Tell me how the Lou Reed film came about.*
Timothy Greenfield-Sanders: It's a film that was almost inevitable for me to make. I was in love with Lou Reed from the moment I heard the first *Velvet Underground* album, when I was 16. That kind of introduced me to Warhol, and I came to New York because of that. Lou Reed's always been this big part of my life, as he has with so many other artists. He really touches down in that territory. A number of years ago I was asked to do Lou's portrait for a magazine article and we sort of got along. The next time he was asked to pose for something, he requested me. Over the years, we became friends. Eventually, I started to get invited to concerts or events that he was involved with, or I would find myself in Venice with him. I would bring along my camera, then I started to use video …
S.G.: *This is how long ago?*
T.G.-S.: This is four or five years ago. I started to film these things for myself. Eventually I had a lot of footage and thought that this would be a good, cool, High-8 film. I liked the one that had been done on Elton John by his boyfriend David Furnish.
S.G.: *I remember it.*
T.G.-S.: I thought it was so cool, and it had been done so cheaply.
S.G.: *So you'd been thinking about film?*
T.G.-S.: I had been a filmmaker. If you want to go way back, I went to graduate film school at the American Film Institute. I am very much a filmmaker, but I left that when I graduated, to become a photographer.
S.G.: *I didn't know that.*
T.G.-S.: I had been photographing people at the school who came to lecture us. You would see every film by Hitchcock, and on

S.G.: *E così stavi pensando a fare un film?*

T.G.-S.: Avevo già fatto film. Se vogliamo tornare indietro negli anni, ti dirò che ho frequentato i corsi di specializzazione all'American Film Institute. Sono molto portato per il cinema, ma dopo il diploma ho lasciato perdere per diventare fotografo.

S.G.: *Non lo sapevo.*

T.G.-S.: Durante i corsi fotografavo quelli che venivano a farci conferenze: vedevamo tutti i film di Hitchcock, e il venerdì arrivava Hitchcock; vedevamo tutti i film di Bergman, e il venerdì arrivava Bergman. Eravamo in venticinque per ogni piccolo seminario. Qualcuno doveva pur fare queste foto per la scuola, ho cominciato io e così ho sviluppato un grande interesse per la foto e la ritrattistica.

S.G.: *Perché hai pensato che fosse venuto il momento di fare qualcosa su Lou Reed?*

T.G.-S.: Ogni quattro anni c'è una nuova generazione di studenti che scopre i *Velvet Underground*. Questo capita perché quella musica ha un peso incredibilmente importante su tutta la musica che ascoltiamo. L'"alternativo" non esisterebbe senza i *Velvet Underground*. Ovvio che quando si comincia ad ascoltare i Velvets, inevitabilmente si ascolta Lou Reed – e così lui diventa sempre più parte della nuova generazione. Non penso che lo stesso accada per molti altri musicisti.

S.G.: *Hai ragione, non accade. Come ti spieghi questo fenomeno?*

T.G.-S.: Penso che Reed sia uno dei pochi musicisti che ha sempre scritto su tematiche importanti. Ha iniziato negli anni Sessanta con i Velvets, allora scriveva sul sadomasochismo, sulla droga e sull'eroina, e su stili di vita molto anticonformisti, ma anche affascinanti. Scriveva su quel genere di cose che si possono trovare nei romanzi, lui però le metteva nelle canzoni rock. Era una cosa assolutamente rivoluzionaria, nessun altro la faceva.

S.G.: *Nel film hai colto bene questo aspetto.*

T.G.-S.: Volevo che risultasse chiaro, e penso che lo sia. Poi Lou ha continuato per questa strada. Se seguiamo la sua carriera – tutto il periodo del *glam rock* e del Max's Kansas City – nessuno scriveva su quel genere di persone. La musica pop era roba per bambinetti. Anche se è vero che Dylan scriveva sulle problematiche sociali…

S.G.: *In effetti il gusto dominante della musica pop di quell'epoca non era, come ora, di guardare alle scabrosità della vita.*

T.G.-S.: Lou non è mai stato granché popolare, perché era del tutto fuori da ogni conformismo. La sua, in un certo senso, è una carriera coraggiosa, con quell'andare sempre dove c'è il nessun-dove. *Metal Machine Music* [1975] – un esempio perfetto. È l'apice della sua carriera – almeno dal punto di vista commerciale, alla metà degli anni Settanta, quando *Rock 'n' Roll Animal* [1974] era così famoso – e lui che cosa fa? Se ne viene fuori con questo brano elettronico completamente via di testa – io, dopo averlo comprato, l'ho riportato indietro, non lo sopportavo.

S.G.: *Mi ricordo che sembrava molto tosto.*

T.G.-S.: Ora, naturalmente, penso che sia splendido. E adesso facciamo un salto avanti, quando lui fa quel discorso molto politico su New York, nel suo album *New York* [1989], e ancora dopo c'è *Magic and Loss* [1992]. Dimmi, quanti musicisti di rock-and-roll scrivono tutto un album sul morire di cancro? E continua a fare cose del genere. In questo momento sta facendo *Time Rocker* con Robert Wilson, e di nuovo sta cercando di andar oltre. Ecco perché piace tanto alle persone intelligenti.

S.G.: *Mi piace il modo in cui, alla fine del film, dietro ai titoli di coda, tu mostri i tuoi soggetti come una specie di ritratti viventi.*

Friday, Hitchcock would come. You'd see every film by Bergman, and on Friday, Bergman would come. There were 25 of us in a little seminar. Somebody had to take these pictures for the school, so I started to do it and became much more interested in photography and portraiture.

S.G.: *Why was it the right moment to do something about Lou Reed?*

T.G.-S.: Every four years a new generation in college discovers the *Velvet Underground*. It's because that music is such an incredibly important influence on all the music we listen to. There would be no such thing as "alternative" without the *Velvet Underground*. And, of course, once you start listening to the Velvets, it's inevitable that you're going to listen to Lou Reed—and he becomes more and more a part of the new generation. I don't think that's true of a lot of other musicians.

S.G.: *You're right, it's not. What do you think accounts for that?*

T.G.-S.: I think he is one of the few musicians who has always written about important issues. He did it first in the '60s with the Velvets, when he was writing about sado-masochism and drugs and heroin, and lifestyles that were very fringe but very intriguing. He was writing about the kind of things you might read in a novel, but he was putting them into rock songs. That was totally revolutionary, something that nobody else was doing.

S.G.: *You really caught that in the film.*

T.G.-S.: I wanted that to be clear; I think it is. Lou then continued. If you follow his career—his whole glam rock period and the whole Max's Kansas City thing—nobody was writing about those kinds of people. Pop music was really very bubble gum. Though Dylan was certainly writing about social issues …

S.G.: *You're right that a willingness to look at the true grittiness of life wasn't such a dominant flavor in popular music back then, the way it is now.*

T.G.-S.: And Lou was never really popular, because he was so fringe. It's such a courageous career, in a sense. He's always going somewhere where nowhere has been. *Metal Machine Music* [1975]—perfect example. It's the height of his career—commercially at least, in the mid-70s, when *Rock 'n' Roll Animal* [1974] was so popular—and what does he do? He comes out with this completely insane electronic piece, that I actually returned when I bought it. I couldn't stand it.

S.G.: *I remember it feeling very harsh.*

T.G.-S.: Now, of course, I think it's marvelous. And then jump ahead to where he gets very political about New York, with the *New York* album [1989], and then beyond that to *Magic and Loss* [1992]. I mean, how many rock-and-roll musicians write an entire album about dying of cancer? He continues to do these things. Today, he's doing *Time Rocker* with Robert Wilson, and pushing himself again. I think that's why he's so appealing to intelligent people.

S.G.: *I love the way, at the end of film, you use these sort of living portraits of your interview subjects, behind the credits. I saw the film with a friend and had started talking when the credits began rolling. Then the awareness of these beautiful portraits overtook me like an earthquake.*

T.G.-S.: I'm happy to hear that. I love the ending, I had always been interested in the Warhol screen tests. I remember reading about them when I was very young. You could never see them. Andy had done 500 of them and they were put away. He just kind of did them. I remember always being intrigued how he would just turn the camera on and the person would sit in front of it and do whatever he or she wanted to do. It was so minimal, and it also had a tremendous influence on the way I started to take portraits. If you look at my portraits—especially from the late '70s on, through most of the '80s—they're really about putting the camera in front of someone and just clicking the shutter. Not straightening up their clothes, and not turning them too much, and really having them just stand in front and pose that way. That's where I got it from.

Sono andato a vedere il film con un amico e mi sono messo a parlare, quando i titoli hanno cominciato a scorrere sullo schermo. In quell'attimo la consapevolezza di quegli splendidi ritratti mi ha travolto come un terremoto.

T.G.-S.: Sono contento di sentire questo. Amo molto quel finale. Mi sono sempre piaciuti gli Screen Tests di Warhol. Mi ricordo che da ragazzo avevo letto qualcosa su questi provini. Non si riusciva mai a vederli. Andy ne aveva fatti cinquecento e poi li aveva messi via. Lui, ecco, li faceva e basta. Ricordo che mi stupivo sempre quando semplicemente accendeva la macchina e la persona si sedeva lì davanti e faceva quello che voleva. Era tutto così minimale. Questo ha avuto un grande influsso sul modo in cui io ho cominciato a fare ritratti. Se guardi i miei ritratti – soprattutto dalla fine degli anni Settanta in poi, durante la maggiore parte degli anni Ottanta – ti danno l'idea che effettivamente non si sia trattato altro che di mettere l'apparecchio davanti a qualcuno e scattare. Senza aggiustare gli abiti, o girare troppo la persona, ma facendola soltanto stare lì a posare in quel modo. Ecco da dove mi è venuta l'idea.

S.G.: *Non cerchi, nelle tue foto, di impedire che la gente assuma una posa stile citare-noncitare?*

T.G.-S.: Li lascio posare. In passato li lasciavo più o meno fare quello che volevano. Li piazzavo davanti all'apparecchio e dicevo "Stai là," mi mettevo a parlare con loro e poi scattavo. Penso di ottenere di più dal modo in cui posano adesso.

S.G.: *Hai fotografato sovrani, capi di Stato, grandi artisti, personaggi della politica e della moda. Come trovi i tuoi soggetti, o come ti trovano loro?*

T.G.-S.: Qualche volta sono io ad andare dai miei soggetti, perché ho davvero voglia di fotografarli. Questo accade soprattutto per il mondo dell'arte, quando vedo il lavoro di qualcuno, gli telefono e gli dico: "Mi piacerebbe farti un ritratto. Mi piace il tuo lavoro". Molti altri incarichi mi arrivano attraverso le riviste, perché credo di essere conosciuto per un certo tipo di ritratto – e inoltre ormai sono affidabile. Per certi ritratti non puoi mandare qualcuno che non ha un sacco di esperienza. Non lo puoi mandare a fotografare il vicepresidente, come ho fatto qualche settimana fa. La foto era sul *Times* l'altro giorno. In tutto hai cinque minuti e hai davvero bisogno di tre assistenti che sappiano quello che fanno, e devi sfruttare al meglio il tempo che hai. Più sei esperto, più ti si apre la strada.

S.G.: *Hai detto che sei conosciuto per un certo tipo di ritratti. Ce ne parli?*

T.G.-S.: Credo di essere conosciuto per ritratti semplici, minimi, ritratti che sono molto veri. Senza spocchia, e molto diretti, spero.

S.G.: *Ritratti che mostrano che cosa rispetto agli altri?*

T.G.-S.: Forse mostrano qualcosa della persona, se mai questo è possibile in un ritratto – fanno uscire l'umanità della persona, mostrano un po' della bellezza di quella persona. Nei miei ritratti non sono un fotografo crudele. Per lo più faccio in modo che i soggetti riescano meglio di quanto non appaiano nella realtà. Non penso di imbellire quanto, per esempio, le foto di Mapplethorpe, che toglie tutto. Ma non sono neanche inesorabile come le foto di Avedon, dove si vede ogni singola ruga.

S.G.: *Nei giorni scorsi, mentre sfogliavo alcune delle tue foto mi sono reso conto che la categoria a cui appartengono i tuoi soggetti non è necessariamente quella dei "famosi" ma dei "realizzati".*

T.G.-S.: Fantastico. Mi piace quest'idea. Ho sempre voluto fotografare gente che ha fatto qualcosa.

S.G.: *Don't you try to keep people from quote-unquote posing when you photograph them?*

T.G.-S.: I let people pose. Back then, I would just sort of let them do what they wanted to do. I would put them in front of the camera and say, "Just stand there." I would talk to them and then I would click the shutter. I think I've gotten more where I pose them now.

S.G.: *You've shot royalty, heads of state, great artists, people from politics and fashion. How do you find your subjects, or how do they find you?*

T.G.-S.: Some of the subjects I go to myself, because I really want to photograph them. That's mostly in the art world, where I would see someone's work and call them up and say "I'd like to do your portrait. I like your work." A lot of other assignments come to me through magazines, because I think I'm known for a certain kind of portrait—and also, at this point, I'm reliable. For certain portraits you can't just send someone who doesn't have a lot of experience. You can't send someone like that in to shoot the Vice-President, which I did a few weeks ago. The photograph was in the

Times the other day. You have five minutes and you really need to be able to have three assistants who know what they're doing, and really make the most of the time you have. The more adept you get, the more you get access.

S.G.: *You said you're known for a certain kind of portrait. How would you describe that?*

T.G.-S.: I think I'm known for doing very simple, minimalistic portraits that are very real, and very unpretentious, and very direct, I hope.

S.G.: *Portraits that show what, that other portraits don't show?*

T.G.-S.: That maybe show something about the person, if that's possible in a portrait—that bring out more of the humanity of the person, that show some of the beauty of the person. I'm not a cruel photographer with my portraits. I tend to make my subjects look better than they actually look. I don't think I'm as flattering as, say, the Mapplethorpe photographs where he sort of blows everything out. But I'm not harsh like the Avedon photographs, where you see every wrinkle.

S.G.: *When I looked through some of your photographs in the last few days, it occurred to me that the category your subjects belong in is not necessarily "the famous" but "the accomplished."*

T.G.-S.: That's great. I love that. I've always wanted to photograph people who have done something.

Warhol's *Screen Test* of Lou Reed in the movie *Lou Reed: Rock and Roll Heart.* Courtesy: The Andy Warhol Foundation for the Visual Arts, New York, and American Masters.

Christina Kelly

REEL STORIES: LOU REED, ROCK AND ROLL HEART

Christina Kelly,
journalist, 2001,
b/w contact print,
8 x 10 inches.

Timothy Greenfield-Sanders filming Lou Reed and David Bowie at Madison Square Garden concert, 1997. Photo: Scott Whittle.

Negli ultimi dieci anni la serie *American Masters*, prodotta dalla Thirteen/WNET per la televisione pubblica nazionale, ha esaminato la vita creativa dei più importanti artisti statunitensi. Fino ad oggi sono stati presentati ottanta profili, fra cui le biografie di Billie Holiday, Edgar Allan Poe, Aaron Copland, Helen Hayes, Frederic Remington, Will Rogers e Martha Graham. Ora, Lou Reed, nel ritratto filmato da Timothy Greenfield-Sanders, è il primo musicista rock riconosciuto come "American Master".
Il nostro amico Timothy Greenfield-Sanders è famoso per le sue peculiari foto di artisti, personaggi politici e gente del mondo dello spettacolo. Queste foto hanno dato lustro a copertine e pagine di pubblicazioni quali il *New York Times Magazine*, *Vanity Fair*, *Life*, *Fortune*, e anche *index*. Timothy ha sottratto qualche minuto al suo vorticoso carnet di impegni per spiegare a Christina Kelly come è andata con le riprese del documentario su Lou Reed. Il film sarà trasmesso in prima televisiva il 29 aprile su PBS.

Christina Kelly: *Qual è la canzone di Lou Reed che preferisci?*
Timothy Greenfield-Sanders: Dipende dalla giornata. Ci sono tante canzoni splendide, a partire dai Velvets – *Heroin*, *Waiting for the Man*, *Sweet Jane*, *Rock and Roll*, *Pale Blue Eyes*, *I'll Be Your Mirror*.
C.K.: *Ecco, questa è la mia preferita.*
T.G.-S.: Lou apre ogni concerto con *I'll Be Your Mirror* perché dice che è proprio la metafora di quello che lui è e fa. Quando si parla delle canzoni di Lou Reed, è quasi impossibile elencarle tutte. Cioè, *Perfect Day* è una canzone straordinaria. *Walk on the Wild Side*, anche se l'hai sentita un milione di volte, è favolosa. E in album come *Berlin* e *Coney Island Baby*, e tutti gli altri fino a *New York* e *Magic Loss*, ci sono talmente tante canzoni fantastiche.
C.K.: *Ricordi la prima volta in cui hai sentito la sua musica?*
T.G.-S: Nel momento in cui ho sentito i *Velvet Underground*, all'età di sedici anni, quando stavo a Miami, direi che la mia vita è cambiata completamente, perché non solo ero venuto a contatto con una nuova musica, ma la nuova musica mi aveva messo in contatto con Warhol. Alla fine mi sono trasferito a New York e sono andato alla Columbia University, e una mia amica, Tally Brown, era una delle superstar di Warhol. Così già dopo le prime due settimane da matricola, andavo in giro per la città con quella gente. E Lou l'ho incontrato un paio di volte.
C.K.: *Se ne è rammentato quando tu...*
T.G.-S: Io non ricordo tutti quelli che ho conosciuto venticinque anni fa, e lui ha conosciuto migliaia di persone più di me.
C.K.: *Comunque avevi quell'esperienza a cui attingere per il film?*
T.G.-S.: Beh, sì, ma un'altra cosa bella nel caso di Lou è che le

Over the past ten years, the American Masters series produced by Thirteen/WNET for national public television has examined the creative lives of America's foremost artists. There have been more than eighty profiles to date, including biographies on Billie Holiday, Edgar Allan Poe, Aaron Copland, Helen Hayes, Frederic Remington, Will Rogers and Martha Graham. Now, in a filmed portrait by Timothy Greenfield-Sanders, Lou Reed is the first rock musician to be recognized as an American Master.
Our friend, Timothy Greenfield-Sanders, is well known for his distinctive photographs of artists, political figures and people in the entertainment world. His photographs have graced the covers and pages of such publications as the *New York Times Magazine*, *Vanity Fair*, *Life*, *Fortune*, and even *index*. Timothy took a few minutes off from his whirlwind schedule to talk to Christina Kelly about what making a documentary on Lou Reed was really like. The film will have its television premiere on PBS on April 29th.

Christina: *What's your favorite Lou Reed song?*
Timothy: It all depends what day it is. And there are so many great songs, starting with the Velvets' *Heroin*, *Waiting for the Man*, *Sweet Jane*, *Rock and Roll*, *Pale Blue Eyes*, *I'll Be Your Mirror*.
C.K.: *That's my favorite.*
T.G.-S.: Lou opens every concert with *I'll Be Your Mirror* because he says it's really the metaphor for who he is and what he does. And once you move into Lou Reed songs, it's almost impossible to list them all. I mean, *Perfect Day* is an extraordinary song. *Walk on the Wild Side*, even though you've heard it a million times, is fabulous. And with albums like *Berlin* and *Coney Island Baby*, all the way up to *New York* and *Magic and Loss*, there are just so many songs that are great.
C.K.: *Do you remember when you first heard his music?*
T.G.-S.: From the moment I heard the *Velvet Underground*, when I was 16, living in Miami, I would say it completely changed my life, because not only was I introduced to a new music, but the music introduced me to Warhol. And then I eventually moved to New York and went to Columbia, and a friend of mine, Tally Brown, was a Warhol superstar. So within the first two weeks of college, I was hanging out downtown with those people, and actually met Lou a couple of times.
C.K.: *Did he bring that up when you ...*
T.G.-S.: I can't remember people I met twenty-five years ago, and he's met thousands more than I have.
C.K.: *But you had that background to draw on for your film?*
T.G.-S.: Well, yeah, but also with Lou, which is so great, is that his songs have meant a lot to me over my whole life. Back when I

sue canzoni hanno significato molto per me durante tutta la mia vita. Quando avevo sedici anni, hanno significato molto per me come adolescente. Poi quando sono cresciuto e sono andato al college, le ascoltavo con una mente più accorta. Durante i miei venti e trent'anni, Lou continuava a fare album che volevo ascoltare. La stessa cosa non possiamo dirla dei Rolling Stones, che mi piacciono, o dei Beatles. Lou è uno che ha continuato a spingersi sempre in una nuova direzione, e lui è ancora con me. Mentre cresci, cresci con Lou. Ecco cos'è straordinario!

C.K.: Come ti è venuta l'idea di fare questo documentario?

T.G.-S.: Anni fa ho incontrato Lou in occasione di una ripresa fotografica. L'ho ritratto. Abbiamo simpatizzato. La volta successiva in cui doveva essere fotografato, ha chiesto che fossi io a farlo. Abbiamo preso a frequentarci un po'. Ho lavorato con lui per alcune foto di un suo album. Poi, quando possibile, ho cominciato ad andare ai suoi concerti. Mi invitava in Europa. E se potevo, portavo la videocamera con me. Avevo questo fantastico lasciapassare che mi permetteva di nascondermi con la macchina sul palcoscenico, dietro gli amplificatori. Sebbene non fossi partito con l'idea di girare un film, a un certo punto mi sono reso conto che avevo un sacco di materiale. Poi un giorno m'imbatto in Susan Lacy, direttore di produzione di *American Masters* e mia vecchia amica. Le dico che ho questo video e che poteva uscirne un film. Lei mi dice: "Ti chiamo domani". E l'ha fatto.

C.K.: Così tu avevi tutta la pellicola pronta prima di sapere che avresti fatto il film?

T.G.-S.: Ne avevo abbastanza da rendermi conto che ce ne voleva ancora. Perché gran parte del film è pellicola d'archivio e gran parte è fotografia. E poi abbiamo intervistato più di trenta persone.

C.K.: A questo proposito ci sono delle scelte davvero interessanti. Su che base hai deciso quali persone intervistare?

T.G.-S.: Beh, ci sono tutti quelli che ovviamente ci devono essere. Per via del periodo *Transformer* e del *glam rock*, non si può fare a meno di David Bowie. E per l'era punk alla metà degli anni Settanta, mica si può tagliar fuori David Bryne o Patti Smith o Jim Carroll. Jim Carroll c'entrava con Lou per il fatto che, dopo aver lasciato i Velvets, Lou era entrato a far parte del St. Marks Poetry Project attraverso Jim. E così, ecco che il cerchio si chiude, perché venticinque anni dopo ritrovo Lou sempre lì a leggere – questa volta i testi di *Time Rocker*, la sua recente collaborazione con Robert Wilson. Conoscevo Holly Woodlawn dai tempi di New York, la incontro e lei era amica di Joe Dalessandro. Un colpo fenomenale: avere Holly e Joe che parlano insieme e cantano *Walk on the Wild Side*.

C.K.: Una cosa incantevole.

T.G.-S.: Quando loro due hanno fatto questa cosa, ho capito che il film c'era.

C.K.: Come ha preso Lou Reed il fatto di essere il personaggio di un film per American Masters?

T.G.-S.: All'inizio mi è parso un po' esitante, perché, come molti degli artisti che conosco, Lou è uno che decisamente non guarda indietro. Quasi tutti gli artisti hanno molto meno interesse per le cose fatte nel passato che per quelle che stanno facendo – "Il mio nuovo lavoro è la mia cosa migliore". E questo è proprio l'atteggiamento di Lou. Lui va sempre avanti. Non pensa, "Sediamoci un po' e parliamo di Nico". Sì, magari a volte anche lo fa, e questo mi affascina, ma non è qualcosa di cui gli importi molto. È davvero difficile che lui voglia concentrarsi troppo sul passato.

C.K.: Interessante, perché probabilmente questo è ciò che in continuazione gli chiedono di fare.

T.G.-S.: Ma è così noioso per lui. A ogni intervista gli dicono qualcosa tipo: "Raccontaci come sono nati i Velvets," oppure "Parlaci di quando hai conosciuto John Cale". Adesso forse non

was 16, his songs meant a lot to me as a teenager. And as I got older and was in college, I could relate to them as sort of a smarter person. And as I got to be in my 20s and 30s, he was still putting out albums that I wanted to hear. And that's not something you can say about the Rolling Stones, who I like, or The Beatles. Lou is someone who kept pushing in a new direction, and he's still with me. So as you grow up, you keep growing with Lou. That's what's so extraordinary.

C.K.: So how did you come to make this documentary?

T.G.-S.: A number of years ago, I met Lou on a photo shoot. I did a portrait of him. And we got along. And the next time he had to be photographed, he requested that I be the photographer. We started to hang out a little bit. I worked with him on some photos for an album. Eventually, I started to go to his concerts, whenever I could. He would invite me to Europe. And whenever I was able to, I'd bring my video camera along. I had this fantastic access, so I was able to hide on stage behind the amplifiers with my camera. Although I hadn't set out to make a film, at a certain point I realized that I had a lot of footage. And one day I bumped into Susan Lacy, who is the executive producer of American Masters, and an old friend of mine. I mentioned that I had all this video, and that maybe there was a film there. She said, "I'll call you tomorrow," and she did.

C.K.: So you had all the footage before you knew you were going to make the film?

T.G.-S.: I had enough footage to get me to the point where I realized I would need more. Because a lot of the film is archival footage, and a lot is photography. And then we interviewed more than thirty people.

C.K.: I thought there were some interesting choices in there. How did you decide who to interview?

T.G.-S.: Well, there are all the people who obviously have to be there. Because of the whole Transformer period and glam rock, you can't be without David Bowie. And for the mid-'70s punk period, you certainly wouldn't want to do without David Byrne or Patti Smith or Jim Carroll. Jim Carroll had this connection with Lou because after Lou quit the Velvets, he got involved with the St. Marks Poetry Project through Jim. And that made this wonderful full circle for us, because 25 years later, I found Lou reading there again—this time, the lyrics from Time Rocker, his recent collaboration with Robert Wilson. I had known Holly Woodlawn from my early days in New York, and I found her, and she was friend with Joe Dalessandro. So that was a total coup, to have Holly and Joe talking together, and singing Walk on the Wild Side.

C.K.: That was so sweet.

T.G.-S.: When they did that, I knew it was really going to make the film.

C.K.: And how did Lou Reed feel about being the subject of an American Masters film?

T.G.-S.: I think he was very hesitant at first, because, like so many of the artists I know, Lou is someone who doesn't look back at all. Most artists care less about what they've done in the past than about what they're doing now "My new work is my best." And that's very much Lou's attitude. He moves on. He doesn't think, "Oh, let's sit around and talk about Nico." I mean, he'll do that sometimes, and I'm fascinated, but it's not something he cares about. So it's very hard for him to really want to focus too much on the past.

C.K.: That's interesting because he's probably someone who is constantly asked to do that.

T.G.-S.: But it's so boring to him. Every interview with him is like, "Tell us about how the Velvets were formed." Or, "Tell us about when you first met John Cale." So maybe he won't have to do that anymore. He can say, "Go watch the movie."

dovrà più spiegarlo, potrà dire: "Andatevi a vedere il film".

C.K.: *Tu, allora, come sei riuscito a farlo parlare del suo passato?*

T.G.-S.: Non è stato facile. All'inizio avevo anche pensato di strutturare il film senza mai intervistarlo personalmente. Ero spesso presente quando veniva intervistato da qualcun altro, avevo un bel po' di pellicola con tutto ciò. La mia idea, allora, era di avere una visione in terza persona, cioè guardare Lou mentre veniva intervistato. Poi ho capito che dovevo fare anch'io almeno una buona intervista con Lou, e l'ho fatta – soltanto noi due, in una stanza, con una piccola Super-8 e una sola luce. Ci abbiamo messo circa un'ora, e ne ho ricavato qualcosa di veramente eccezionale. È la parte in cui parla di *Magic and Loss* e di come all'epoca non riuscisse a scrivere nient'altro, quello era tutto ciò che era riuscito a fare. È molto commovente.

C.K.: *Dà la sensazione che stia quasi per piangere…*

T.G.-S.: In effetti. È un momento davvero commovente. È una delle parti che preferisco. Avevo ripreso il film dal televisore, e il risultato era splendido, proprio là dove tende all'azzurro e bianco, e c'è la scritta con l'ora che lampeggia fino a sparire – è come se il pulsare della vita stesse sparendo.

C.K.: *Come è andata con le altre interviste?*

T.G.-S.: Come fotografo ho sempre saputo far sentire la gente a proprio agio durante una seduta di posa. Penso di esser riuscito a usare questa abilità anche nelle mie interviste. Credo che risultino molto reali e molto intime. Ti danno l'impressione di essere là, con quello che parla. In molte delle interviste che ho visto con queste persone – soprattutto quella con David Bowie – sembrano tutti di plastica, e hanno questa luce da dietro, una brutta illuminazione. E si ha un senso di distanza. Qui invece ti sembra che Bowie sia proprio là con te, e questo mi piace molto. La sua è la prima intervista che ho fatto per il film, ma ora vorrei averla fatta più avanti, perché avrei potuto ottenere di più da lui. La mia abilità di intervistatore è migliorata man mano che procedevo, e quando ho parlato con David Byrne, che è stato l'ultimo, avrei potuto usare tutta l'ora solo con lui, è stata un'intervista splendida.

C.K.: *Mi piace quello che dice su* Walk on the Wild Side.

T.G.-S.: Quando David Byrne dice: "Non sa la gente di che cosa parla questa canzone, e chi sono queste persone?" io non pensavo che fosse divertente, ma tutti a quel punto si mettono a ridere, perché abbiamo tagliato con un'immagine di Candy Darling. Ti stupirebbe sapere quanti non si rendono conto che "Holly" è Holly Woodlawn e che "Little Joe" è Joe Dalessandro, che "Jackie" è Jackie Curtis e "Candy" è Candy Darling. Ben pochi hanno collegato.

C.K.: *Era la canzone di uno spot pubblicitario dell'Honda, vero?*

T.G.-S.: No, soltanto la musica, e Lou compare per qualcosa come cinque secondi. È per strada e si dirige verso un'Honda, qualcosa del genere. Mi ha detto che all'epoca l'ha fatto perché aveva bisogno di soldi per lavorare in studio. Per una ripresa di un giorno ha preso abbastanza da poter lavorare tre mesi in studio. Ha pensato che ne valesse la pena.

C.K.: *È incredibile che allora Lou Reed avesse bisogno di soldi.*

T.G.-S.: Da quel che ho letto, Lou non aveva allora un buon manager, e si imbottiva di droga – di queste cose parla in parecchie interviste. Così non penso che vedesse molti dei soldi che in quel periodo eccelso della sua vita faceva con dischi supervenduti come *Walk on the Wild Side*.

C.K.: C'eri anche tu alla cerimonia al Rock and Roll Hall of Fame, quando hanno dato il riconoscimento ufficiale ai *Velvets*?

T.G.-S.: No, quella parte del film l'abbiamo copiata. È un momento stupendo, quando Patti Smith quasi si soffoca nel presentare i Velvets. Un grande momento perché l'abbiamo inserito subito dopo che i Velvets hanno suonato insieme per l'ultima volta, dopo la morte di Sterling Morrison.

C.K.: *So how did you get him to talk about his past?*

T.G.-S.: It wasn't easy. And originally, I had thought of structuring the film without ever interviewing him myself. I would often be there when Lou was being interviewed by someone else, and I had a lot of footage of that. So my idea was to have the sort of third-person view of watching Lou being interviewed. The problem was, I never got enough of what I wanted in those interviews. Eventually, I had to have at least one good interview with Lou, which I did—just the two of us in a room with one little High 8 camera and one light. We did it in about an hour, and it's amazing stuff that I got. That's where he talks about *Magic and Loss*, about how he couldn't write anything else at the time. That's all he could do. And it's very moving.

C.K.: *I just feel like he's about to cry …*

T.G.-S.: Yeah, he is. I mean, it's a very moving moment. That's one of my favorite parts of the film. I had shot the film off the TV set, and the look of it was so wonderful, where it's kind of blue and white, and the time code is clicking away—which is like your life clicking away.

C.K.: *What was it like doing the other interviews?*

T.G.-S.: You know, as a photographer, I have always been good at making people feel comfortable in a photo session. And I think I've been able to use those skills in my interviews. I think they come across as very real and very intimate. You feel like you're right there with that person. In a lot of interviews that I've seen with some of these people, and David Bowie in particular, they're always very plastic-looking, and back-lit, with all this bad lighting. And it feels distant. But here you really feel like Bowie is right there with you, which I love. It's the first interview I did for the film, and I wish I'd done it later, because I might have gotten more out of him. My interviewing skills got better as I went on to the others, and by the time I talked to David Byrne, which was the last one, I could have used the entire hour with just him, it was so good.

C.K.: *I love what he said about* Walk On the Wild Side.

T.G.-S.: When David Byrne says, "Don't people know what this song is about, and who these people are?" I never thought that was funny, but everyone laughs at that part, because we have it cut to Candy Darling. But you'd be amazed at how many people never realized that "Holly" is Holly Woodlawn and "Little Joe" is Joe Dalessandro, that "Jackie" is Jackie Curtis and "Candy" is Candy Darling. Very few people connected that.

C.K.: *And that song was a Honda commercial, wasn't it?*

T.G.-S.: No, just the music to it, and Lou is there for like, five seconds, he's standing on the street and walks over to a Honda or something. He said he did it at the time because he needed the money to work in the studio. So for a day's shoot, he had enough to work for three months in the studio. He figured it was worth it.

C.K.: *It's amazing that Lou Reed, at that time, needed the money.*

T.G.-S.: Well, from what I've read, Lou had some very bad management in those days, and he was fucked up on drugs—he talks about this in lots of interviews. So I don't think he saw much of the money that was made from that high period of his life, from big-selling records like *Walk on the Wild Side*.

C.K.: *Were you at the Rock and Roll Hall of Fame ceremony when the* Velvet Underground *was inducted?*

T.G.-S.: No, we accessed that footage. That's a wonderful moment when Patti Smith is sort of choking up as she's introducing the Velvets. I think that's a great moment because we show it right after the Velvets have played together again for the last time, after Sterling Morrison had died.

C.K.: *I was surprised that Lou Reed was so moved by that moment, and that Patti was.*

C.K.: *Mi ha stupito vedere Lou Reed e Patti Smith tanto commossi da quel momento.*

T.G.-S.: Possiamo anche non avere una grande opinione di quel riconoscimento, ma per uno del rock and roll è il massimo. Arrivare al Rock and Roll Hall of Fame è come ricevere l'Academy Award. È per sempre.

C.K.: *Vedo Lou Reed al di sopra di tutto questo. Non che lui si senta mai al di sopra, ma per me lui è ben al di sopra del Rock and Roll Hall of Fame.*

T.G.-S.: Penso che tu abbia ragione, ma non in questo caso. Qui Lou Reed era nuovamente con il suo gruppo, anche se mancava Sterling, e in quel momento si sono resi conto dell'incredibile meta che avevano raggiunto. Doveva per forza essere un attimo di grande emozione.

C.K.: *Come è stato intervistare Patti Smith?*

T.G.-S.: Patti Smith è stata grande. Non me l'aspettavo. Non so perché, semplicemente non avevo capito quanto fosse brava nel dire le cose. Mi ha molto colpito. E il suo aspetto – non si è mascherata, è rimasta completamente se stessa. Nelle sue risposte ha dato molto. Straordinaria! Fa una splendida battuta su *Heroin*, che definisce la canzone americana perfetta, e dice perché. E spiega come Lou sia un autentico poeta.

C.K.: *Chi è che nel film dice che Lou Reed è ancora capace di tener duro, mentre la maggior parte delle rockstar finisce col vivere in campagna?*

T.G.-S.: È Dave Stewart. Una battuta favolosa – che la maggior parte dei gruppi vive in campagna o pesca trote o si ubriaca al pub insieme ai contadini. Ed è vero. Lou è ancora lì, in città, a guardare con attenzione e reagire e scrivere. E questo non si può dire di molti altri.

C.K.: *Come sei riuscito a intervistare Vaclav Havel? Voglio dire, è il Presidente della Repubblica Ceca!*

T.G.-S.: Già, ho avuto una fortuna straordinaria, perché mi hanno chiamato per fargli un ritratto per la copertina del *New York Times*. Mi sono precipitato a Praga e ho portato con me la mia Super-8. Alla fine della seduta, dopo aver fatto i ritratti, avevo qualcosa come tre minuti prima di dover andare all'aeroporto. E gli dico: "Ho bisogno che lei mi dica due parole su Lou Reed davanti alla cinepresa". E il suo segretario dice: "No, no, no, lei non può far questo, non ha il permesso". E io dico: "Senta, ho fatto tutti questi chilometri, e mi basta un minuto solo". E mi giro verso di lui e dico: "Che ne pensa?" E lui: "D'accordo". Usciamo, sullo sfondo ci sono i cani che abbaiano, e lui dice quelle splendide cose sui Velvets e su Lou.

C.K.: *Pensavo proprio: "Come diavolo hanno fatto?"*

T.G.-S.: Così. Sono felice che tu ci abbia pensato. Poi Havel è venuto negli Stati Uniti e ho cenato con lui e con Lou. Siamo andati in vari circoli jazz e ci siamo divertiti un sacco. Havel ama l'arte, è un poeta e uno scrittore. È un uomo molto interessante. E adora Lou.

C.K.: *Hai in mente di fare un altro film?*

T.G.-S.: Dovrebbe essere qualcosa che mi interessa veramente. È stato difficile trovare il tempo per fare questo film, ho dovuto rifiutare molti impegni fotografici. Ma erano vent'anni che mettevo da parte il desiderio di fare film, ora che l'ho tirato fuori dalla scatola, penso che ne farei un altro, se avessi l'opportunità.

C.K.: *Quando dici che hai messo da parte il tuo desiderio, cosa intendi?*

T.G.-S.: Inizialmente io volevo fare film, per questo dopo il *college* sono andato all'American Film Institute di Los Angeles. Ma l'AFI è una scuola molto condizionata da Hollywood e portata verso il film narrativo. Ti insegna come fare quel tipo di pellicola, ma non era quello che volevo. E per di più si lavorava molto in collaborazione – eravamo in trenta-quaranta a girare un film. Io

T.G.-S.: We may not think much of it, but to a rock and roll person, that is the ultimate award, really. It's like an Academy Award to get into the Rock and Roll Hall of Fame. And it's forever.

C.K.: *I guess I just think of Lou Reed as like, above that. Not that he himself would feel above it, but that he is so above the Rock and Roll Hall of Fame, to me.*

T.G.-S.: I think that's true, but here, Lou was with his band again, although without Sterling, and it was this moment where they realized their incredible accomplishment. It had to be a very emotional moment.

C.K.: *What was it like to interview Patti Smith?*

T.G.-S.: Patti Smith was just great. I didn't expect her to be. I don't know why, but I just didn't understand how articulate she would be. I was very impressed with her. And just the way she looked—she didn't dress up, and she was herself totally. She was very giving in her answers. She was extraordinary. She had a wonderful line about the song *Heroin*, calling it the perfect American song, and why. And talking about how Lou is really a poet.

C.K.: *Who is it in the film who was talking about how Lou Reed was still able to retain an edge, whereas most rock stars end up living in the country?*

T.G.-S.: Dave Stewart. Fabulous line—that most groups are living in the country or trout fishing or getting drunk at the pub with the farmers. And it's true. Lou is still out there in the city, watching closely and reacting and writing about it. And that's not true for many people.

C.K.: *How did you manage to interview Vaclav Havel? I mean, he's the President of the Czech Republic.*

T.G.-S.: Yeah, I had this incredible luck, because I had been assigned to do a portrait of him in Prague for a New York Times cover. So I rushed over to Prague and I brought my High 8 camera with me. And at the end of the session, when we finished the portraits, I had like, three minutes left before I had to go to the airport. And I said to him, "I need you to just say something for me in the camera, about Lou Reed." And his secretary said, "No, no, no, you can't do this, it's not authorized." And I said, "Look, I've come all the way here, and I just need one minute." And I turned to him and said, "Will you do it, please?" And he said, "Okay." And we go outside, with the dogs barking in the background, and he says this wonderful thing about the importance of the Velvets and Lou.

C.K.: *I was thinking, how the hell did they get this?*

T.G.-S.: Well, that's how we got it, and I'm happy that's how you reacted to it. Havel has subsequently come to the States and I've had dinner with him and with Lou. We've gone out to jazz clubs and had a great time. He loves art, he's a poet and he's a writer. He's a very interesting man. And he loves Lou.

C.K.: *Are you planning on making another film?*

T.G.-S.: I think it would have to be something I'm really interested in. It was very hard for me to take the time off to make this film, because I had to turn down a lot of photography assignments to be able to make the time for this film. But I suppressed the desire to make films for twenty years, and I guess it's out of the box now, so if I had the opportunity, I'd make another film.

C.K.: *When you say that you "suppressed your desire," what does that mean?*

T.G.-S.: Well, I wanted to be a filmmaker originally, and that's why, after college, I went to the American Film Institute in Los Angeles. But AFI is a very Hollywood-driven, narrative filmmaking school. It taught you how to make those kinds of films, but that's not particularly what I wanted to do. And it was also very much a collaborative thing—working with 30, 40 people on a

volevo lavorare da solo. Penso che sia stato questo a spingermi verso la fotografia. Durante i primi dieci anni della mia vita di fotografo non ho avuto alcun assistente. Ho fatto tutto da me. Ma verso la metà degli anni Ottanta le cose stavano cambiando. Diventavo sempre più famoso, e così ho cominciato ad avere assistenti di produzione e lavori che coinvolgevano anche dieci o quindici persone – ce n'è stato uno giusto l'altro giorno per *Vanity Fair* con trenta persone. Ogni volta era un po' come fare un piccolo film. E questo in un certo senso mi ha preparato a diventare regista di un vero film, dove uno fondamentalmente dà ordini e tiene tutto sotto controllo.

C.K.: *Si potrebbe dire che i tuoi studi cinematografici ti hanno aiutato con la fotografia e che a essi hai fatto ritorno per questo progetto? Sei un cinefilo?*

T.G.-S.: Assolutamente sì. All'AFI vedevamo tutti i film di Hitchcock e poi Hitchcock in persona veniva a parlare. La settimana dopo vedevamo tutti i film di Bergam, e subito dopo arrivava Bergman. La settimana successiva vedevamo tutti i film con Bette Davis e Bette Davis veniva da noi. Così il nostro gruppetto di venticinque studenti si sedeva con l'ospite e gli faceva domande per un paio d'ore. Ho cominciato a scattare i ritratti di queste persone per la scuola, ed è così che sono diventato fotografo. Penso che in questo film emerga il mio stile di fotografo. Lo si vede nel tipo di illuminazione del viso. In quanto fotografo, sapevo anche che dietro quell'una o due foto che tutti vediamo, c'è il provino di stampa con le trentasei che *non* vediamo. Allora abbiamo cominciato a chiedere i provini di tutti i fotografi degli anni Sessanta, da Billy Name a Mick Rock e Stephen Shore. E il mio editor ha ideato il modo di animare quei provini. Avevamo così questo scrigno pieno di immagini che nessuno aveva visto. Perché in realtà voi vedete una sola foto di Lou. Non vedete le foto scartate, e quelle sono interessanti. Ecco ciò che, in qualità di fotografo, sono riuscito veramente a incorporare nel film. Infatti, anche se non c'è molto materiale filmato sui Velvets, ci sono tutte queste foto che sono suggestive.

C.K.: *Chi ti piacerebbe fotografare che non hai ancora fotografato?*

T.G.-S.: In assoluto?

C.K.: *Sì!*

T.G.-S.: Mi piacerebbe fotografare Marlon Brando. Forse… Elizabeth Taylor, una persona che mi ha sempre interessato. Comunque finora sono stato fortunato. Ho fotografato tante delle persone che volevo fotografare. Per esempio, Orson Welles e Alfred Hitchcock. A proposito, la settimana scorsa sono stato alla Casa Bianca per fotografare Al Gore, e non è stato facile.

C.K.: *Per chi era la foto?*

T.G.-S.: Me l'ha chiesta il *Times*, all'ultimo minuto. Stavo andando a Sundance, ma quando mi hanno detto: "Domani puoi andare alla Casa Bianca?" ho risposto: "Dovrò spostare qualcosa, ma lo voglio fare". E l'ho fatto. Non è stato facile.

C.K.: *Farlo rilassare?*

T.G.-S.: Non è possibile farlo rilassare. Ma, pensandoci, poteva dipendere dal fatto che si stava macinando tutta quella storia dello scandalo, forse sapevano che piega stavano prendendo le cose, e lui era distratto.

C.K.: *Come faresti la foto di Marlon Brando?*

T.G.-S.: Probabilmente farei ciò che ha fatto Warhol, cioè lo farei sedere davanti all'obiettivo e azionerei la macchina e non farei quasi nient'altro. Penso che uno dei modi migliori per ottenere foto splendide sia quello di lasciare che la persona faccia ciò che è portata a fare per conto suo. Non mi va di far cose troppo costruite. Con la gente mi piace avere momenti molto semplici. Penso che siano i più rivelatori.

film. And I wanted to work by myself. So I think that pushed me towards being a photographer. For the first ten years of my life as a photographer, I didn't have an assistant. I just did it all myself. But by the mid-'80s, things started to change. I started to become more well-known, and I began to have production assistants and shoots that might involve 10 or 15 people. There was one the other day for *Vanity Fair* with thirty people. So it was like making a small film, every time you'd have a shoot. And it kind of prepared me for being the director of a film, where you basically give orders and keep everything in control.

C.K.: *Would you say that film school helped you with your photography, and that you came back to it for this project? And were you a film fan?*

T.G.-S.: Oh, definitely. At AFI, you'd see every film by Hitchcock, and then Hitchcock himself would come to talk. And the next week, you'd see every Bergman film, and then Bergman would come. And the week after that, you'd see every Bette Davis film and Bette Davis would come to the school. So this little group of 25 of us would get to sit with this person and ask questions for a couple of hours. I started taking portraits of those people for the school, and that's how I became a photographer. In this film, I think that my style as a photographer comes through. You see it in the portrait lighting. Because I'm a photographer, I also knew that behind the one or two photographs that we've all seen, behind that is the contact sheet that has 36 photographs that we haven't seen. So we started to request contact sheets from all the '60s photographers, from Billy Name and Mick Rock and Stephen Shore. And my editor figured out how to animate those contact sheets. So there was this treasure trove of images that no one had ever seen, because you really just see the one shot of Lou. You don't see the outtakes. And the outtakes are interesting. So that was something, as a photographer, that I was able to really incorporate here. Because although there's very little moving footage of the Velvets, there are all these photographs that are so evocative.

C.K.: *Who would you like to photograph that you haven't photographed yet?*

T.G.-S.: Anyone in the world?

C.K.: *Yeah.*

T.G.-S.: I'd love to photograph Marlon Brando. I guess … Elizabeth Taylor, I've always been interested in her. But I've really been lucky. I've photographed so many people that I've always wanted to. Like Orson Welles and Alfred Hitchcock. Actually, I was in the White House last week, photographing Al Gore, and that was not easy.

C.K.: *Who was that for?*

T.G.-S.: The *Times* asked me to do it at the last minute. I was really on my way to Sundance, but when they said, "Can you go to the White House tomorrow?" I said, "I'll have to move something, but I want to do it." And I did. Not easy.

C.K.: *To make him relax?*

T.G.-S.: It's not possible to make him relax. But now I think it might have had something to do with the whole scandal brewing, that maybe they knew where things were going, and he was distracted.

C.K.: *How would you photograph Marlon Brando?*

T.G.-S.: I'd probably do what Warhol would do, which is just to sit him down and turn the camera on and do almost nothing else. I think one of the best ways to get great pictures is to let the person do what they're going to do on their own. I don't believe in making it too contrived. I like very simple moments with people. I think they're the most revealing.

Da *index*, marzo-aprile 1998

From *index*, March-April 1998

Lou Reed

PORTRAIT ARTIST

Fame After Photography, la mostra attualmente in corso al Museum of Modern Art di New York, ripercorre le tappe della seduzione esercitata sul pubblico dalla celebrità a partire dall'invenzione della fotografia nel 1839. I curatori mettono in evidenza come i creatori di immagini hanno plasmato l'"aspetto" della celebrità, esplorano i meccanismi con cui essa si è trasformata in bene di consumo e analizzano il modo in cui la fotografia influenza chi diviene famoso. Questa mostra era, in un certo senso, inevitabile; è chiaro che ormai il mondo artistico comprende che il personaggio famoso è venerato come icona dalla società attuale. Avendo fotografato sia Hillary Clinton sia Monica Lewinsky, insieme a un vero e proprio schedario "Who's Who" di personalità contemporanee appartenenti alla sfera del cinema, della moda, della politica e dell'arte, Timothy Greenfield-Sanders compendia nel suo lavoro la dinamica di perpetuare la fama attraverso la ritrattistica. Incluso tra gli artisti esposti al NYMoMA, Greenfield-Sanders, che ha studiato Storia dell'Arte alla Columbia University, ha in realtà superato da tempo la soglia dell'arte alta – con esposizioni da Marcuse Pfeiffer, Leo Castelli e Mary Boone, nonché con una retrospettiva a Tokyo nel 1990. Negli anni Ottanta, il suo primo lavoro "commerciale", una serie di ritratti d'artisti (fra cui Schnabel e Rauschenberg) in abiti *Comme des Garçons*, fu una svolta fondamentale nel rapporto tra moda, arte e commercio. Quest'anno il fotografo ha ottenuto un Grammy per la realizzazione di *Lou Reed: Rock and Roll Heart* – un documentario per *American Masters* – fra le pellicole più acclamate al festival cinematografico di Berlino e di Sundance. Per *Surface*, Lou Reed – la cui associazione con Andy Warhol nel momento culminante della pop art gli ha permesso di raggiungere una profonda comprensione dell'arte del personaggio celebre – fa uno scambio di ruolo con il suo documentarista: l'icona del rock and roll interroga Greenfield-Sanders sul modo in cui egli mette a fuoco le proprie intenzioni.

Lou Reed: *Perché la gente viene da te? Ci sono tanti fotografi... Perché scelgono proprio te?*
Timothy Greenfield-Sanders: Non so... Cerco di mostrare le persone così come loro si vedono. Senza trucchi. Sono un minimalista. Una semplice macchina fotografica, luci essenziali, e che la persona emerga da sé.
L.R.: *Ma questo lo sanno tutti. C'è nel Manualetto del buon fotografo. La cosa, Timothy, deve essere un po' più complicata.*
T.G.-S.: D'accordo, allora abbiniamo quella semplicità con l'abilità di lavorare bene con le persone e di farlo velocemente. So come metterle a proprio agio di fronte alla macchina fotografica.

Fame After Photography, currently showing at the New York Museum of Modern Art, tracks the public's fascination with fame since the invention of photography in 1839. The curators trace how imagemakers shape the "look" of fame, probe the mechanics by which fame is transformed into a commodity and examine how photographs influence who becomes famous and how. In a sense, the exhibition was inevitable; the art world clearly understands by now that celebrities are worshiped as icons by today's society, and thus photographers are playing God. Having shot both Hillary Clinton and Monica Lewinsky, alongside a virtual 'Who's Who' rolodex of contemporary personalities from film, music, fashion, politics and art, Timothy Greenfield-Sanders' work epitomizes the dynamics of perpetuating fame via portraiture. Featured in the NYMoMA exhibit, Greenfield-Sanders, who studied Art History at Columbia University, actually crossed the high art threshold long ago—including exhibitions at the galleries of Marcuse Pfeiffer, Leo Castelli and Mary Boone, and a 1990 retrospective in Tokyo. In the '80s, his first 'commercial' work, a series of portraits of artists (including Schnabel and Rauschenberg) wearing Comme des Garçons, was a turning point in the relationship between fashion, art and commerce. This year, Greenfield-Sanders won a Grammy for directing *Lou Reed: Rock and Roll Heart* for American Masters, a favorite at the Sundance and Berlin Film Festivals. For *surface, Lou Reed—whose association with Andy Wahol at the height of Pop Art granted him a keen understanding of the art of celebrity personae—turns the tables on his documentarist. Here, the rock and roll icon quizzes Greenfield-Sanders about how he puts his intentions into focus.

Lou Reed: *Why is it that people come to you? There are so many photographers, why you?*
Timothy Greenfield-Sanders: I don't know ... I try to show people the way they see themselves. No gimmicks. I'm a minimalist. A basic camera, basic lights, let the person come out.
L.R.: *Oh, but everybody knows that. That's Photography 101. It's got to be a little more complicated than that, Timothy.*
T.G.-S.: Well, then let's combine that simplicity with an ability to work well with people. And do it quickly. I'm aware of how to make a person comfortable in front of a camera. A photo session is very, very tense for most people. I work hard at giving people the confidence to be in front of a camera.
L.R.: *How you do that?*
T.G.-S.: Tricks.
L.R.: *Like what?*

Alfred Hitchcock,
filmmaker, 1977,
b/w print from 35 mm
negative.

Timothy Greenfield-
Sanders and Jasper Johns
at 20 x 24 Polaroid
studio, 1990.
Photo: John Reuter.

Una seduta è molto, molto stressante per la maggior parte dei soggetti; da parte mia ce la metto tutta per aiutarli ad acquistare fiducia di fronte all'obiettivo.

L.R.: *Come fai?*

T.G.-S.: Trucchi del mestiere.

L.R.: *Ad esempio?*

T.G.-S.: Probabilmente la mia stessa personalità. Credo che molto dipenda da come mi relaziono alla gente. La ritrattistica si basa tutta sulla collaborazione.

L.R.: *Stare là a farmi fare la foto è stata una delle esperienze più incredibilmente spiacevoli che io abbia avuto. Lo stesso direbbe la maggior parte di quelli del mio ambiente. Molti di noi sono venuti da te semplicemente perché hanno sentito dire: "Se proprio devi farti fare una foto, vai da Timothy. Non è stato uno spasso, ma neanche un inferno".*

T.G.-S.: È perché non impongo la mia personalità quando fotografo.

L.R.: *Perché non ce l'hai [ride]. Hai un immenso vantaggio, sei come Andy [Warhol].*

T.G.-S.: È un complimento. Sono stato enormemente influenzato da Warhol, fin dall'adolescenza.

L.R.: *Da quali cose?*

T.G.-S.: A parte i dipinti, soprattutto dai provini, i suoi *Screen Tests*. Ricordo di aver passato ore a guardarmi libri con fotogrammi degli *Screen Tests*. Erano assolutamente affascinanti. Ho letto tutto quello che potevo su Warhol. Vivendo a Miami, Warhol, i film underground... tutto mi faceva venir voglia di andare a studiare a New York. L'idea di mettere qualcuno davanti a una cinepresa e lasciarlo essere se stesso...

L.R.: *Non era solo questo. Andy metteva la persona davanti alla cinepresa e poi se ne andava. Da non credere, che per tre minuti lui ti lasciava là davanti all'obiettivo. Uno magari pensa che la maggior parte della gente si alza e se ne va. Molti di noi semplicemente restavano seduti là e in quei tre minuti succedono tante di quelle cose al tuo viso.*

T.G.-S.: Gli *Screen Tests* sono fra i ritratti più grandi degli anni Sessanta. Sono così radicali.

L.R.: *Ma quando fotografi qualcuno, sei lì per interagire. Ho notato che, come a Andy, anche a te piacciono le opinioni degli altri mentre lavori. Non ne hai paura.*

T.G.-S.: Mi piace che ognuno si senta parte dello scatto. È la cosa più scaltra da fare.

L.R.: *Qualche volta, quando mixiamo i suoni, chiediamo al portiere: "L'ascolteresti questa cosa?"*

T.G.-S.: Non ci posso credere! È esilarante! Lou, non diresti che io non sono uno che dà troppi ordini? Di solito tendo a lasciare

T.G.-S.: It's probably part of my personality. I think it's got to do with the way I relate to people. Portraiture is very collaborative.

L.R.: *I find having my picture taken to be one of the most extraordinarily unpleasant things I've ever had to do. Most of the people in my field would say that. A lot of us have ended up going to you simply because someone says, "If you have to have your picture taken, you really should see Timothy. It wasn't fun, but it wasn't hell."*

T.G.-S.: Because I'm not imposing my personality in a portrait session.

L.R.: *That's because you don't have one. [laughs] You have a vast advantage, you're like Andy [Warhol].*

T.G.-S.: That's a compliment. I'm hugely influenced by Warhol, ever since I was a teenager.

L.R.: *Which things?*

T.G.-S.: Aside from the paintings, the *Screen Tests*. I remember staring for hours at books with still frames from the *Screen Tests*. They were utterly fascinating. I read everything I could about Warhol. And coming from Miami, Warhol, the underground movies ... all of that made me want to go to school in New York. The idea of putting someone in front of a movie camera and letting them be themselves.

L.R.: *Well, it was more than that. Andy put people in front of the camera and then just walked away. It's kind of incredible that for three minutes, he'd leave you in front of a camera. You would think most people would get up and leave. A lot of us just sat there and in that three minutes a lot happens on your face.*

T.G.-S.: The Screen Tests *are some of the greatest portraits of the 1960s. They're so radical.*

L.R.: *But when you shoot someone, you are there interacting. I notice that like Andy, you like other people's opinions during a photo shoot. You're not afraid of that.*

T.G.-S.: I love to make everyone feel part of the shoot. It's clearly the smartest thing to do.

L.R.: *Sometimes with sound mixes, we ask the janitor—would you listen to this?*

T.G.-S.: You're kidding. That's hilarious. Lou, wouldn't you say I'm not someone who gives too much direction? I tend to let people do what they want to do.

L.R.: *You're sneaky. But you know what you're doing. Lots of photographers have so many assistants about, knocking over lights. It ruins the atmosphere.*

T.G.-S.: I make a great effort to seem calm. I never show my nervousness. It's bad form.

L.R.: *Who's made you nervous? Besides me?*

T.G.-S.: Severe time restraints are a nightmare. Shooting Hillary Clinton on large format at the White House in, say, 12 minutes.

che la gente faccia quello che vuole.

L.R.: *Tu fai le cose sottobanco, ma sai quello che fai. Molti fotografi hanno intorno un sacco di assistenti, che fanno cadere le luci. E l'atmosfera si guasta.*

T.G.-S.: Faccio grandi sforzi per sembrare calmo. Non mostro mai il mio nervosismo. Non è educato.

L.R.: *Chi ti ha innervosito? Oltre a me?*

T.G.-S.: I limiti di tempo troppo tirati sono un incubo. Fare un grande formato di Hillary Clinton alla Casa Bianca in, diciamo, dodici minuti. Non puoi sbagliare. Con Al Gore ho avuto cinque minuti per una copertina. Questa è angoscia!

L.R.: [Al cameriere] *La zuppa non l'hanno proprio cotta, è terribile... Comunque, nessuno vuole apparire brutto. Probabilmente è una buona idea tenersi chiusa la cerniera dei calzoni.*

T.G.-S.: Io non cerco una foto scioccante, ma un grande ritratto.

L.R.: *Una rivista mi ha chiesto di farmi una foto da un tale che subito, all'inizio, mi ha detto: "Noi intendiamo fare un ritratto veramente realistico – vogliamo che si veda ogni brufolo del tuo viso, ogni ruga, ogni questo e ogni quello". Io ho preso e mi sono messo gli occhiali da sole. E lui: "Ti spiace toglierti gli occhiali?" E io dico: "Perché dovrei?" Perché dargli bada? Voglio dire... sono con uno che mi dice di volermi fare un ritratto spietato... Non riesco a capire chi mai potrebbe voler posare per una cosa del genere.*

T.G.-S.: Tra i ritratti che ti hanno fatto, quali preferisci?

L.R.: *Mi è sempre piaciuto il fotogramma dello* Screen Test *di Andy. E le fotografie che ha fatto Mick Rock. È una persona incredibilmente etica: si è tenuto le mie foto nel cassetto per vent'anni e non ne ha mai data una senza il mio permesso. È straordinario.*

T.G.-S.: Questo è molto importante. Una certa fiducia, in qualunque caso. Per esempio, alcuni miei ritratti di Monica [Lewinsky] non li darei mai a nessuno.

L.R.: *Probabilmente Monica diventerà un classico.*

T.G.-S.: Lo spero.

L.R.: *Dove hai studiato?*

T.G.-S.: All'American Film Institute. Volevo fare film. Ho imparato lì le tecniche dell'illuminazione cinematografica, con Jan Kadar [*A Shop on Main Street*]. Un altro insegnante era Slavko Vorkapich, l'inventore del montaggio. Inoltre, ho studiato letteralmente ai piedi delle grandi star di Hollywood.

L.R.: *Ai piedi?*

T.G.-S.: L'American Film Institute aveva bisogno di qualcuno che fotografasse gli occasionali conferenzieri. Mi sono offerto volontario, ed è così che sono diventato ritrattista. Ero talmente emozionato all'idea di fare quei ritratti! Tutti hanno posato per me: Hitchcock, William Wyler, Bette Davis, Billy Wilder, Bergman, Truffaut, Henry Fonda, il giovane Steven Spielberg.

L.R.: *È proprio un cominciare dalla cima. Che cosa ti ha detto Hitchcock, per esempio?*

T.G.-S.: Mi ha detto che le luci erano completamente sbagliate per la forma del suo viso. Dovevano essere più alte. E poi attenzione all'ombra sul naso.

L.R.: *Questa è la miglior scuola che uno possa avere: Hitchcock che ti aiuta a fare un ritratto!*

T.G.-S.: Bette Davis mi ha detto: "Ehi, tesoro, tira un po' su quella macchina, non scattare mai dal basso". E io: "Perché?" E lei: "Perché si vedono troppo i difetti".

L.R.: *Sai in quante trasmissioni televisive ho dovuto dire al tizio inginocchiato al suolo con la sua telecamera di alzarsi un po'? Rientravo in una grande tradizione.*

T.G.-S.: Di sicuro.

L.R.: *Che tipo di macchina fotografica ti piace?*

T.G.-S.: Da oltre vent'anni faccio foto con macchine per grande formato. Mi piacciono le 20 x 24 [50 x 60 cm], le 11 x 14 [28 x 35 cm], le 8 x 10 [20 x 25 cm].

You can't mess up. With Al Gore, I had five minutes for a cover. That's pressure.

L.R.: [To the waiter:] *I don't think they cooked this oatmeal at all. It's terrible. Anyhow, no one wants look bad. It's probably smart to keep your pants zipped.*

T.G.-S.: I'm not looking for a shocking picture—I'm looking for a portrait.

L.R.: *A magazine asked to have my picture taken by someone who actually told me at the beginning, "We're trying to take a really realistic portrait—we want to show every zit on your face, every wrinkle, every this, every that." So I just put my sunglasses on. And he said, "Would you take your glasses off?" And I said, "Why would I?" Why would I bother? I mean, I'm with someone who's telling me he's trying to take an unflattering portrait. I've never understood who would want to pose for that.*

T.G.-S.: What are some of your favorite pictures of yourself?

L.R.: *I've always liked the still from Andy's* Screen Test. *And the pictures Mick Rock has taken. He's an incredibly ethical person. He's sat on photos of me for over 20 years now and never released any without my permission, that's kind of extraordinary.*

T.G.-S.: That's very important. A certain trust, no matter who it is. I would never release certain of my Monica [Lewinsky] portraits, for example.

L.R.: *Monica is probably going to be a classic.*

T.G.-S.: I hope so.

L.R.: *Where did you study?*

T.G.-S.: I went to the American Film Institute. I wanted to be a filmmaker. I learned film lighting there with Jan Kadar [*A Shop on Main Street*]. Another teacher was Slavko Vorkapich, the inventor of film montage. Also, I literally studied at the feet of the great Hollywood stars.

L.R.: *At the feet?*

T.G.-S.: AFI needed someone to photograph the visiting lecturers. I volunteered. And that's how I became a portrait photographer. Everyone sat for me—Hitchcock, William Wyler, Bette

Henry Fonda, *actor*, 1977, b/w print from 35 mm negative.

L.R.: *Ti piace grosso?!*

T.G.-S.: Sì [ride]. Il grande formato obbliga a concentrarsi su ciò che conta veramente. Mi rompe fare molti scatti. A volte ne faccio cinque, e basta. Trovo che la maggior parte della gente non resiste di più. I soggetti si annoiano quando li fotografi. Tu no?

L.R.: *Al solo pensiero! Che cosa è più probabile che vada storto in una seduta di posa?*

T.G.-S.: A parte i disastri tecnici, dire la cosa sbagliata.

L.R.: *Vero. Una parola sbagliata ed è tutto finito.*

T.G.-S.: Creare la giusta atmosfera non è mai facile. Una battuta infelice e il rapporto cambia. Una seduta per un ritratto ha un equilibrio molto, molto delicato.

L.R.: *Bisognerebbe avere un ottimo schermo radar per riuscire, diciamo, a leggere la gente appena entra. Non ti verrebbe di recitare la Bibbia a Karen Finley, sì o no?*

T.G.-S.: Certamente no.

L.R.: *In diversi campi, per esempio con i registi, molto dipende dal modo di presentarsi e dalla personalità.*

Bette Davis, actor, 1977, b/w print from 35 mm negative.

T.G.-S.: Vero.

L.R.: *Credo che questo sia il segreto di un buon giornalista, perché, come ha scritto Janet Malcolm, il suo lavoro sta nell'ingraziarsi la controparte, farle dire cose e poi tradirla per soldi.*

T.G.-S.: Questo è il giornalista! Lui è là, in un certo senso, per prendersi gioco di te.

L.R.: *Ma un fotografo può provocare contrasti con una brutta fotografia, una foto meschina.*

T.G.-S.: E allora perché posare?

L.R.: *Per vendere qualcosa, un album o un film, qualcosa. Ti sottometti per questa ragione. Da trent'anni mi scattano fotografie, ma soltanto due fotografi mi hanno detto: "Senti, porta il mento un poco in avanti, e inclinalo così, con quest'angolo – vieni meglio". Tu sei uno dei due.*

T.G.-S.: E l'altro?

L.R.: *Un fotografo inglese per una rivista rock. Quando me l'ha detto sono rimasto di sasso, perché quel trucco l'avevo imparato da te. Ero praticamente in lacrime. Di solito vogliono vedere il doppio mento, e mostrare quanto sei invecchiato, ogni singola ruga. Se ti uscisse una caccola dal naso, non te lo direbbero.*

T.G.-S.: Hai visto il giornale di oggi con Bette Midler? Come ha salvato i giardini di New York dalla rovina? Ha fatto questa cosa magnifica, e il *New York Times* pubblica una sua foto orrenda.

L.R.: *Come diceva Doc Pomus, "Nessuna buona azione resta impunita".*

T.G.-S.: Fantastico.

Da *Surface* 19, 1999; pubblicato con il titolo "Greenfield-Sanders" in *Tema Celeste* 76, ottobre-dicembre 1999

Davis, Billy Wilder, Bergman, Truffaut, Henry Fonda, the young Steven Spielberg.

L.R.: *That's like starting out at the top. What did Hitchcock say, for instance?*

T.G.-S.: He told me my lights were all wrong for the shape of his face. They should be higher, and to watch the shadow across his nose.

L.R.: *Well, that's the best training you can get. To have Hitchcock help you take a portrait.*

T.G.-S.: Bette Davis said, "Darling, bring that camera up, never shoot from below." And she would say, "Because it's so unflattering."

L.R.: *Do you know how many TV shows I've done where I've had to tell the guy kneeling on the floor with his camera to get up higher? I was in a grand tradition.*

T.G.-S.: For sure.

L.R.: *What kind of cameras do you like?*

T.G.-S.: I've shot in a large format camera for over 20 years. I love 20 x 24, 11 x 14, 8 x 10.

L.R.: *You're into the size? You like it big?*

T.G.-S.: Yes. [laughs] Large format forces you to focus on what's really important. Shooting a lot of film bores me. Sometimes I shoot five exposures, and that's it. I find that most people can't last too long. Subjects get bored at photo shoots. Don't you?

L.R.: *Before I walk in! What's most likely to go wrong in a photo session?*

T.G.-S.: Aside from technical disasters, saying the wrong thing.

L.R.: *Yes, exactly. One wrong word and it's all over.*

T.G.-S.: Creating the right atmosphere is not easy. One unfortunate joke and the relationship changes. A portrait session is a very, very delicate balance.

L.R.: *One should have a good radarscope to be able to read people as they come in, so to speak. You wouldn't want to recite the Bible to Karen Finley, would you?*

T.G.-S.: Exactly.

L.R.: *In a number of fields, like with directors, so much of it has to do with presentation and personality. People like being around certain people.*

T.G.-S.: True.

L.R.: *I think that's the secret of a good journalist, because as Janet Malcolm has written, her job is to ingratiate herself, get you to tell her things and then betray you for pay.*

T.G.-S.: But that's a journalist. A journalist is out there to make a fool of you, to a certain extent.

L.R.: *But a photographer can create controversy with a bad picture, a mean picture.*

T.G.-S.: So why ever pose?

L.R.: *To sell something, an album or a movie, whatever. You submit to it for that reason. I've only had two photographers, in 30 years of having my picture taken, who ever said, "Listen, put your chin a little bit forward and dip it at this angle—You'll look better." You were one.*

T.G.-S.: Who was the other one?

L.R.: *An English photographer for a rock and roll rag. I was so shocked when he said it to me after I had learned that trick from you. I was practically in tears. Usually they want to see a double chin, show how you've aged, every wrinkle. If there was a piece of snot hanging from your nose, they wouldn't tell you.*

T.G.-S.: Did you see today's paper with Bette Midler, how she saved the New York gardens from ruin? She does this wonderful thing and the New York Times runs an awful photo of her.

L.R.: *As Doc Pomus used to say, "No good deed goes unpunished."*

T.G.-S.: Brilliant.

Mark Strand

PREFACE

Quando, nei primi anni Ottanta, ho visto per la prima volta alcune foto di Greenfield-Sanders, sono rimasto colpito dalla loro singolarità, ma non potevo prevedere che un giorno avrebbero fatto parte del travolgente corpo d'opere raccolto nelle pagine di questo libro. Questa brillante cronaca fotografica degli ultimi vent'anni del mondo artistico newyorkese comprende più di 700 immagini, la maggior parte scattate con un apparecchio 11 x 14.

Non c'è nessun'idea o-la-va-o-la-spacca nel metodo di Greenfield-Sanders. Lui fa pochissime pose. Ogni immagine riflette la concentrazione del fotografo e svela lo specifico carattere della sua schiettezza, della sua severità nervosa e rivelatrice. Su fondali spogli, generalmente rischiarati da un'unica fonte luminosa, i protagonisti del mondo artistico ritratti da Greenfield-Sanders sembrano essere possessori paradossali di vulnerabilità e autorità ad un tempo. Appaiono familiari, eppure remoti. Come colti tra realismo e *glamour*, tra il fatto bruto dell'aspetto fisico e l'aura elusiva della loro fama. Più si osserva, più la foto si fa complessa. I volti che ci guardano sembrano intenti a raccontare la propria storia, alcuni consenzienti, altri inermi, altri contrariati; i soggetti di Greenfield-Sanders – tutti e 700 – godono, almeno qui, di una vita pittorica ricca e risonante.

Da Timothy Greenfield-Sanders, *Art World*, Fotofolio, New York 1999

When I first saw some of Timothy Greenfield-Sanders' photographs back in the early eighties I was struck by their singularity, but I could not have predicted they would someday be part of the overwhelming body of work now gathered in the pages of this book. This brilliant photographic chronicle of the past twenty years of the New York art world includes over 700 pictures, most of them taken with an 11 x 14 view camera.

There is nothing hit or miss about his method. Greenfield-Sanders takes very few exposures. Each image reflects his concentration and speaks for the specific character of his directness, its edgy telltale severity.

Against stark backdrops, illuminated usually by a single light source, Greenfield-Sanders' art world shakers and makers seem to be the paradoxical possessors of both vulnerability and authority. They appear familiar and yet remote. It's as if they were caught between realism and glamour, between the brute fact of their features and the elusive aura of their fame. The more one looks, the more complex the photos become. The faces that look out at us seem to be telling their own stories, some willingly, some helplessly, and some grudgingly, Greenfield-Sanders' subjects—all 700 of them—enjoy, at least here, a rich and resonant pictorial life.

From Timothy Greenfield-Sanders, *Art World*, Fotofolio, New York 1999

Timothy Greenfield-Sanders at his Mary Boone Show, 1999. Photo: Travis Roozee.

TG-S

Robert Pincus-Witten, *art critic*, 1981, b/w contact print, 11 x 14 inches.

Come essere un fotografo eccezionale in un'epoca in cui la macchina fotografica – estrema semplicità d'uso alloggiata in una meraviglia tecnica – trasforma chiunque in artista? Quand'è che la macchina fotografica ha soppiantato mano e pennello? Quando il riprografico ha sostituito il grafico? *Fotografia facile. Fotografia per tutti.* Non conta la nitidezza? Il soggetto? Il fotoreportage? Il pittoricismo? La foto purista? L'istantanea verista? Il modernismo?

E comunque dove sta l'arte della fotografia? Nello scatto? allestimento? immagine fissata? istante congelato? occhio dell'osservatore? dito di chi digita?

Una cosa è ora chiara; l'arte è tutt'altro che una questione di macchina fotografica, di spiegamento di materia prima, di nuove ricette da studio – collage, solarizzazione, esibizionismo Polaroid e cose del genere. Le vecchie preoccupazioni riguardo al medium e allo stile sono ora i cliché (per usare un termine originariamente fotografico) della messa a fuoco e dell'elaborazione che isolano ulteriormente un più accurato sito dell'arte fotografica – il progetto molto totalizzante (per usare il gergo della critica postmoderna). Addio tecnica; medium, ti saluto. È il progetto a far l'arte, e ciò significa TG-S alla grande: *Artists of the Fifties, Members of the Club, East Village Phenomena, The New Irascibles, Artist as Model, The Art World*, un universo di documentazione che attraversa decenni e continua a espandersi.

Geniali trovate di un curatore contemporaneo: Warhol e Nadar, il pantheon balzachiano, il grande panorama della ritrattistica del Secondo Impero/Terza Repubblica in contrasto con la radiografia sociale della *Pax Americana*. Sostituiamo Nadar con August Sander e il documento imperiale è paragonabile alla lessicografia facciale della *Neue Sachlichkeit*. Spostiamoci da Sander a TG-S. Il suo progetto, derivato da Nadar e Sander e imparentato con Warhol: Tutti i cittadini della nostra fine millennio, le celebrità della Commedia umana, della Fiera della vanità, le nostre meraviglie-in-sei-giorni e star-artistiche-in-un-quarto-d'ora per sempre, riprese in un arco di tempo che parte dall'espressionismo astratto e percorre il presente.

Un fraterno gemellaggio di nomi – Sander e Greenfield-Sanders – è anche stimolante, benché Sander abbia collezionato il provinciale e il poco noto, mentre TG-S è tutto cosmopolita e granmondo, proprio il tipo di gente che l'Opa di Sander in Uniforme Nazista più temeva. Guardar dritti verso l'obiettivo, non sorridere, mento alto. Uno, due, tre. Come Nadar, come Sander, come TG-S, come un allenatore personale.

Un rullo, una pellicola, una lastra, uno scatto al giorno della straordinaria scena di TG-S, in fondo alle cui secche TG-S

How to be an exceptional photographer in an age when the camera—extreme simplicity of use housed in a technical marvel—makes an artist of everyone? When the camera has supplanted the hand and brush? When the reprographic has replaced the graphic? Photography Made Easy. Photography for Dummies. Doesn't neatness count? Subject-matter? Photoreportage? Pictorialism? The Precisionist photo? The candid snapshot? Modernism?

Just where is the art of photography anyway? In the shutter's release? the set up? the image fixed? the instant frozen? the eye of the beholder? the finger of the digital?

One thing is now clear; the art is scarcely about the camera, or the deployment of raw material, or novel studio recipes—collage, solarization, Polaroid-exhibitionism and the like. Time-honored concerns of medium and style are now the clichés (to use an originally photographic term) of focus and elaboration that further isolate a more accurate site of photographic art—the very totalizing project itself (to use the slang of the postmodern critique). Adieu technique; the medium, fuhgeddaboutit. The project makes the art and that means TG-S in spades: Artists of the Fifties, Members of The Club, East Village Phenomena, The New Irascibles, Artist as Model, The Art World, an ever-expanding universe of documentation, running decades.

Cool contemporary curator brainstorms: Warhol and Nadar, the Balzacian pantheon, the grand panorama of Second Empire/Third Republic portraiture contrasted with the social x-ray of the Pax Americana. Replace Nadar with August Sander and the imperial record is compared to Neue Sachlichkeit facial lexicography. Move from Sander to TG-S. His project, derived from Nadar and Sander and kin to Warhol: All the citizens of our *fin de millénaire*, the celebrities of our Human Comedy, our Vanity Fair, our six-day wonders and quarter-hour art stars for all time, shot in a time frame running from Abstract Expressionism through the present.

A fraternal twinning of moniker—Sander and Greenfield-Sanders—is also inspiring though Sander collected the provincial burger and the little known while TG-S is all cosmopolite and notable, the people that Sander's Opa in Nazi Uniform most dreaded. Look straight at the camera, no smiling, chin up. One, two, three. Like Nadar, like Sander, like TG-S, like a personal trainer.

A roll, a spool, a plate, a shot a day of TG-S's whale of a scene. Imposingly, shamelessly, TG-S swims deep in its shallows. The art—above the shot, above the print, however good the shot,

nuota imponente, spavaldo. L'arte – al di sopra dello scatto, della stampa, per quanto buono lo scatto, per quanto divina la stampa – è, a lungo andare, l'impulso enciclopedico, l'ossessiva dedizione a un prototipo storicizzato fin troppo prontamente sussunto entro le sue radici. L'arte non è nella cosa contenuta ma nella cosa contenente. Il contenente è il progetto.

Il potere di tre iniziali: o il logo aziendale militare/industriale, o il raggiungimento reificato come celebrità. FDR. JFK. CBS. UPS. TG-S – il semplice resoconto della personalità feticizzata, un diretto, elementare esame d'un mondo di codici in elaborata mutazione, di uno sfumato *inframince* (come direbbe Duchamp) trasformato alchemicamente da paglia in oro. Voilà, il profondamente insincero diventa l'insinceramente profondo, l'ossimoro si fa icona.

La sete sconfinata della nostra ubiqua e invasiva cultura popolare ci ingoia tutt'interi, *Come ora viviamo*. L'accecante fulgore dei Pochi Beati è il regno di TG-S – il suo pioppo e sorger-di-luna. Nel suo progetto gli sbaciucchiatori dei superaffermati del Tardo Capitalismo si mutano in uno stregante abbecedario su cui sta chino un deliziato e stordito Twenty-First Century Fox. Chi Sono Questi Individui? Ah, Fama.

Da Timothy Greenfield-Sanders, *Art World*, Fotofolio, New York 1999

no matter the print divine—is in the long haul, the encyclopedic impulse, the obsessive dedication to a historicized prototype all too readily subsumed into its roots. The art is not in the contained but the container. The container is the project. The power of three initials: either the military/industrial corporate logo or achievement reified as celebrity. FDR. JFK. CBS. UPS. TG-S—the plain account of fetishized personality, a direct and simple scrutiny of a world of elaborately shifting codes, of a nuanced inframince (as Duchamp would say) alchemically changed from straw to gold. Voilà, the profoundly insincere becomes the insincerely profound, the oxymoronic becomes the iconic.

The boundless thirst of our ubiquitous, invasive popular culture swallows us whole, The Way We Live Now. The blinding glare of the Happy Few is TG-S's dominion—his aspen and moonrise. In his project, the kissers of late-Capitalism's overachievers mutate into an enthralling abecedary pored over by a delighted and befuddled Twenty-First Century Fox. Who Are These People? Ah, Fame.

From Timothy Greenfield-Sanders, *Art World*, Fotofolio, New York 1999

From the book
Art World, published by Fotofolio, New York 1999.

ART'S HARD FACE

Wayne Koestenbaum,
poet/writer, 1998,
b/w contact print,
11 x 14 inches.

Timothy Greenfield-Sanders ha una pelle magnificamente liscia. (Nel corso di una conversazione tiro fuori l'argomento: "Che cosa fai per mantenerla così liscia? La tua carnagione così giovane è in qualche modo pertinente a una discussione sulle tue fotografie?") La sua risposta è affabile: si lava il viso soltanto una volta al giorno, sotto la doccia; evita il sole. Aggettivi di grande elogio affiorano a profusione mentre contemplo il suo viso: *inalterabile, imperituro, innocente, paradisiaco*… È come se egli fosse stato "toccato" – elevato dagli elfi, assurto a una sfera immune dall'ira, dalla divisione, dalla gerarchia.

Quantunque sia presumibile che per le sue foto scelga artisti che, sebbene momentaneamente, reputa importanti e, dunque, non fotografi artisti a suo avviso non importanti, fondamentalmente il suo progetto ignora ogni gerarchia di valore e prestigio: non vi è priorità, né commento, né graduatoria. La sola unità di valore è l'individuo (e, talvolta, nei ritratti di gruppo – per esempio, in *The New Irascibles* – la comunità). Greenfield-Sanders ha una tale considerazione per gli individui che riunisce i volti in un archivio – il *suo* archivio – il quale, come ogni impresa misteriosamente enciclopedica, insegue il fantasma della Preservazione, dell'Eternità, della Completezza, dell'Ordine e della Segretezza Profilattica.

"L'arte è dura", dico a Timothy mentre scorriamo le centinaia di foto da lui scattate. È d'accordo.

Vi è un interrogativo, un interrogativo provocatorio, che il suo archivio non elude: possono questi autoritratti definire il concetto di "mondo artistico", oppure devono ironizzare e negare l'idea che un mondo artistico esista? Io non so che cosa sia il mondo artistico, e una delle meraviglie di questo corpo d'opere è che neppure esso lo sa; renitente a impegnarsi, schiva ogni rivendicazione di onnicomprensività.

Jackson Pollock e Mark Rothko sono morti prima che potesse fotografarli. Altri non compaiono nella sua collezione, perché per caso o per scelta non hanno mai fatto visita al suo studio. Il suo archivio irride l'osservatore con l'immagine dei volti *non* qui – esclusi, tralasciati, evitati. I volti presenti sono stati lodati da Greenfield-Sanders: forse quelli assenti sono stati censurati? Forse altrove, in un atelier fantasma, si sta adunando un *Salon des refusés*? E se è così, chi sceglierà i partecipanti, e chi sarà tanto stoico ed eroico da passare due interi decenni a fotografarli?

Accettando di posare per Greenfield-Sanders, uno presume di far parte degli *indubitabili* che compongono il mondo dell'arte e lo legittimano. Ma dietro la sicurezza di ogni volto – *Io sono il centro, Io esisto, Io appartengo* – vi è un sospetto paranoide: *Io non esisto, Io sono un impostore.*

Timothy Greenfield-Sanders has beautifully smooth skin. (In conversation with him, I bring it up: *how do you keep it smooth? Is your youthful complexion relevant to a discussion of your photographs?*) Affably, he answers: he washes his face only once a day, in the shower; he avoids the sun. Panegyric adjectives flood me as I contemplate his face: *unjaded, unbesmirched, innocent, paradisaical* … It's as if he has been "touched"—lifted by elves, transported to a sphere immune from anger, divisiveness, and hierarchy.

Although we can assume that he photographs artists he considers, however momentarily, to be important, and that he does not photograph artists he considers unimportant, primarily his project ignores hierarchies of value and prestige: there is no rating system, no commentary, no pecking order. The unit of value is the individual (and, occasionally, in his group portraits, such as "The New Irascibles," the commune). But he values individuals to the extent that their faces assemble into an archive—his archive—which, like any mysteriously encyclopedic enterprise, pursues the eidolons of Preservation, Eternity, Thoroughness, Orderliness, and Prophylactic Secrecy.

Art is hard, I say to Greenfield-Sanders, as we look through his hundreds of photos. He agrees.

One provocative question his archive does not skirt: can these portraits define the phrase "art world," or must they ironize and negate the notion that an art world exists? I don't know what the art world is, and one of the marvels of this body of work is that it doesn't know, either; noncommittal, it shies away from claiming inclusiveness.

Jackson Pollock and Mark Rothko died before he could photograph them. Others don't appear in his round-up because, by coincidence, or choice, they never visited his studio. His archive taunts the viewer with fantasies of the faces not here—excluded, overlooked, avoided. The present faces have been praised by Greenfield-Sanders. Have the absent faces been censured? Is a *salon des refusés* assembling, elsewhere, in a phantom atelier? If so, who will decide its membership, and who will be heroic and self-abnegating enough to spend two decades photographing it? By consenting to a session with Greenfield-Sanders, a person pretends to be one of those *indubitables* who constitute the art world and legitimate it. And behind each confident face—*I am central, I exist, I belong*—lies a paranoid supposition: *I do not exist, I am an impostor.*

Although some figures in this series are geniuses, or near-geniuses, or have a resemblance to genius (whatever "genius" means, it is a fetching word), there are certainly matters of opin-

Sebbene alcuni personaggi di questa serie siano veri geni, o quasi-geni, o assomiglino ai geni (qualunque cosa significhi, "genio" è un termine ammaliante), in questa lista di nomi vi sono sicuramente questioni d'opinione confutabili da parte di osservatori e di critici polemici, e per certo la parola "era" ricorre di frequente in ogni conversazione su questo sovraffollato carnet di ballo. Il tal-dei-tali *era* (in breve) un artista avvincente. Il tal-dei-tali *era* (pensa!) un mercante di primo piano. Come una vecchia copia dell'Annuario Teatrale, questo mausoleo fotografico è un trattato sull'esilità della fama.

E così molti dei modelli paiono proletticamente malinconici – già afflitti all'idea dell'inevitabile disintegrazione della loro celebrità. Hanno l'aria triste per un motivo più pratico: Greenfield-Sanders li ha avvertiti di non sorridere. (Per esempio, quando l'ho visto fotografare Peter Plagens, ha detto, per fargli sparire il sorriso: "Non esagerare!") Vuole che chi posa per lui rilassi il volto, eviti l'autodrammatizzazione, lasci carne e ossa libere di esprimere la loro complessità non premeditata. Ciò nonostante, ogni fotografo trae attivamente dal suo soggetto pose e temperature: Greenfield-Sanders ne trae inespressività e stoicismo. Benché egli si definisca "ipotimico", sempre più eccitato di quanto l'occasione richieda, i suoi soggetti evidenziano umori smorzati, quasi a proteggersi contro un possibile insulto. Nessuno è veramente austero quanto appare nei ritratti di Greenfield-Sanders: diversamente da chi recita in base al Metodo [metodo Stanislavsij, N. d. T.] per cui esuma la sofferenza interiore per farne uno sfoggio rococò, i protagonisti di Greenfield-Sanders, al pari di Jean Seberg che si prepara per la cinepresa di Godard, vuotano la mente da ogni pensiero eccetto l'idea della propria immortalità.

Questi personaggi appaiono più intelligenti e più sicuri di quanto effettivamente siano. L'intervento di Greenfield-Sanders non implica alcun abbellimento, bensì il consolidamento dell'*ego*; la persona acquisisce coerenza, successo, armatura. Il fotografo utilizza un apparecchio d'altri tempi, per cui il soggetto deve rimanere immobile per un tempo più lungo di quello richiesto dal classico ritrattista contemporaneo: il modello che posa per Greenfield-Sanders pre-esperimenta il gelo artico dell'archivio.

La maggior parte dei suoi soggetti è costituita da uomini. (Non li ho contati con precisione.) È una disparità che non sorprende: si sa che l'arte è sempre stata dominata dal maschio. E tuttavia i suoi ritratti femminili impongono la più acuta attenzione. Si consideri la memorabile foto di Elaine de Kooning: il mio sguardo è attirato dal suo colletto e dai suoi polsi a smerlo – come pure dalla sua aria di insofferenza verso gli stupidi. È adorna di una spilla o orologio pendente; in mano tiene una sigaretta la cui cenere si allunga, ciondola, minaccia di cadere. La foto di suo marito offre un interessante confronto. Willem indossa una giacca scura di velluto a coste aperta sul davanti, in modo che si intravede una striscia bianca – la maglietta e la tuta. Come Elaine, anche lui fuma una sigaretta, che però è scorciata, per cui non riusciamo a giudicarne la lunghezza, o la pazienza della sua cenere. (La sigaretta di Elaine è vista di profilo e appare molto più sofferente.)

Per certo gli abiti di Willem cedono all'osservatore un'informazione più ampia e più eccitante di quella concessa dall'abbigliamento di molti uomini fotografati da Greenfield-Sanders. Essi, però, non infrangono la prassi minimalista dello scatto di Timothy. Il vestito di Elaine, invece, osteggia (o solletica) la ferma dedizione del fotografo, nella sua ritrattistica, all'*understatement*: se il volto di Elaine dice: "Non apprenderai nulla su di me se non la mia indomabilità", i suoi abiti offrono generosamente un caos di indicazioni espressive. (Anche la foto di Joan Mitchell ha un analogo potere eterogeneo: lo scialle, gli

ion in this roll call, to be debated by contentious viewers and historians, and certainly the word *was* occurs frequently in any conversation about this overstocked dance card. So-and-so *was* (briefly) an exciting artist. So-and-so *was* (imagine!) a prominent dealer. Like an old copy of *Theater Yearbook*, this photographic mausoleum is an essay in the tenuousness of reputation.

Thus many of the sitters seem proleptically melancholy— already sad at the prospect of their reputation's eventual disintegration. They appear melancholy for a more practical reason: Greenfield-Sanders has instructed them not to smile. (For example, when I watched him photographing Peter Plagens, he said, to cancel the subject's grin, "Don't go overboard on me.") He wants his subjects to relax their faces, to avoid self-dramatization, to leave the bones and flesh at liberty to speak their unpremeditated complexity. But any photographer actively elicits certain postures and temperatures; Greenfield-Sanders extracts inexpressivity and stoicism from his subjects. Although he describes himself as "hypothymic," always more excited than

the occasion warrants, his subjects exhibit muted moods, as if protecting themselves against insult.

No one is really as stern as he or she appears in a Greenfield-Sanders portrait: unlike Method acting, which exhumes inner woe for rococo display, Greenfield-Sanders' subjects must, like Jean Seberg preparing for Godard's camera, empty their minds of every thought but the prospect of their own immortality. Greenfield-Sanders' personages look more intelligent and more assured than they really are. So the Greenfield-Sanders makeover involves not beautification but ego-consolidation: the person acquires coherence, achievement, and armor. The photographer uses an antiquated view camera, so the subject must remain motionless for longer than the conventional contemporary portraitist would require: posing for Greenfield-Sanders, the sitter foretastes the archive's deep-freeze.

A majority of his subjects are men. (I have not made a precise count.) This disparity does not surprise: art has been notoriously male-dominated. And yet his portraits of women compel acutest attentiveness. Consider his memorable photo of Elaine de Kooning. In it, her ruched collar and cuffs draw my eye—as does her look of not suffering fools gladly. She wears a pendant brooch or timepiece, and holds a cigarette whose ash lengthens, dangles, threatens to fall.

The photo of her husband, Willem, offers an instructive parallel. He wears a dark corduroy jacket, open to reveal a column of white—composed of t-shirt and overalls. Like Elaine, he smokes a cigarette, but it is foreshortened, so we can't judge its length,

Peter Plagens, *artist/art critic*, 1999, b/w contact print, 11 x 14 inches.

Alexis Rockman, *artist*, 1990, b/w contact print, 11 x 14 inches.

Barbara Jakobson,
art collector, 1988,
b/w contact print,
11 x 14 inches.

**Alexandra Anderson-
Spivy**, *art critic*, 1982,
b/w contact print,
11 x 14 inches.

Sandra Gering,
art dealer, 1993,
b/w contact print,
11 x 14 inches.

occhiali da sole e la sigaretta eloquentemente trasgrediscono il coprifuoco del minimalismo.)

Molte delle donne nei ritratti di Timothy si tradiscono con raffiche di segni: non riescono a non fornire più indizi del necessario, poiché l'impegno di autopresentazione, in questa cultura, investe uomini e donne in modo diverso: le donne hanno un più gravoso compito (al tempo stesso una più grande opportunità, direbbe qualcuno) di svelare significati. Se i ritratti di Greenfield-Sanders debbono farci da guida, non vi è nulla di minimale nella femminilità costruita dall'artista: in essa il consueto obbligo di rivelare e laboriosamente fabbricare un'aura (attraverso abiti, gesti e personalità) si risolve in un complesso di dettagli copioso e carnevalesco.

Eccezione a questo principio è lil primo piano di Francesco Clemente – insolitamente dettagliato e a fuoco. (Greenfield-Sanders lo scattò con una Hasselblad invece che con il suo solito apparecchio 11 x 14.) In quest'immagine di Clemente i singoli peli dei baffi e della barba – di pochi giorni – spiccano nitidi ed enfatici quanto gli smerli della blusa di Elaine de Kooning. Ogni dettaglio della barba di Clemente è una provocazione – un segno di mascolinità all'opera, vistosamente impegnata a produrre flora. Questa foto intensamente rivelatrice trasforma i follicoli di Clemente in esempi di invaginazione – luoghi in cui l'armatura dell'*Io esisto senza sforzo* cede al più vulnerabile codice dell'esibizionismo febbrile.

Francesco Clemente ha un viso molto bello, al pari di tanti altri uomini e donne il cui volto (e, per procura, il cui prestigio) è stato immortalato da Greenfield-Sanders. L'avere un viso drammatico è una qualità determinante nel mondo artistico: intorno a un volto di questo genere può addensarsi una reputazione; autentico segnaposto, il volto pubblicizza il *corpus* artistico. L'artista ha bisogno di un volto – ne ha forse bisogno anche il critico, il curatore, il collezionista? Costoro sono di solito i senza-volto. Ora Greenfield-Sanders ha affrancato questi attori di retroscena dal buio dell'incognito. E le maschere di cui li veste, mentre li scorta entro l'umiliante arena del visibile, sono attraenti e apotropaiche. Grazie al fotografo, i loro volti sono ora abbastanza duri da schivare la vergogna.

Prima che io avessi la fortuna di star davanti all'obiettivo di Greenfield-Sanders, un amico mi aveva avvertito: "Nelle foto di Timothy tutti finiscono sempre per assomigliare a X [un influente critico, ben noto per la sua distanza punitivamente rigorosa dal retrogrado, dal *démodé*, dal banale]". Questo appariva come un fato delizioso: chi non avrebbe voluto assomigliare a quel critico sadicamente carismatico? Chi non avrebbe voluto rinunciare, finalmente, a fingere di essere simpatico?

Gli eccezionali uomini e donne di Greenfield-Sanders sono

or the patience of its ash. (Elaine's cigarette is in profile, and seems incalculably more longsuffering.)

Certainly Willem's clothing gives the viewer richer and headier information than the garb of many men that Greenfield-Sanders photographs. However, Willem's clothing does not topple the minimalist system of the Greenfield-Sanders shoot. Elaine's clothing, on the other hand, fights (or tickles) his portraiture's willful devotion to understatement: if her face says, "You will learn nothing about me but my indomitability," her clothing generously offers a chaos of expressive indications. (His photo of Joan Mitchell has an equally heterogeneous power: shawl, sunglasses, and cigarette eloquently disobey minimalism's curfew.)

Indeed, many of the women in these portraits betray themselves in a scattershot barrage of signs: they can't avoid offering a few more clues than necessary, for the work of self-presentation, in this culture, falls unequally on men and women, and women have a greater burden (some would say a correspondingly greater opportunity) of signifying. If the Greenfield-Sanders portraits may be our guide, there is nothing minimal about femininity, as it has been constructed: its customary obligation to reveal and laboriously to manufacture aura (through clothes, gesture, and personality) results in carnivalesque, profuse detail.

One photo that offers an exception to this principle is the head shot of Francesco Clemente—uncharacteristically detailed and sharply focused. (Greenfield-Sanders took it with a Hasselblad camera, rather than the 11 x 14 view camera he traditionally uses.) In the Clemente image, the individual hairs of his mustache and beard—not entirely grown—stand out as distinctly and flamboyantly as the ruched folds of Elaine de Kooning's blouse. Each bit of Clemente's stubble is a provocation—a sign of masculinity at work, gaudily producing flora. This intensely exposing head shot turns Clemente's follicles into instances of invagination—places where the armor of *I exist without effort* cedes to the more vulnerable code of hectic exhibitionism.

Francesco Clemente has a beautiful face. So do many of the men and women whose faces (and, by proxy, whose reputations) Greenfield-Sanders has memorialized. Having a dramatic face goes a long way in the art world. A reputation can cohere around such a face; a placemarker, the face advertises the artistic corpus. Artists need faces—but do critics, curators, collectors? These, indeed, are usually the faceless ones. Now, Greenfield-Sanders has rescued these backstage players from the darkness of incognito. And the masks that he gives them, as he escorts them into the humiliating arena of the visible, are attractive and apotropaic. Thanks to the photographer, their faces are hard enough to ward off shame.

Before I had the good fortune to face Greenfield-Sanders' cam-

impegnati in quel campo affaristico che produce – presenta, colleziona, vende, interpreta – arte. L'essere esperto di cose belle non necessariamente rende una persona bella, o bella a vedersi, però l'immunizza dalla tendenza di assumere un atteggiamento acritico nei confronti delle verità tramandate.

Se l'arte è dura, questi volti sono indizi della difficoltà dell'arte: difficili da interpretare, difficili da avvicinare, difficili da compiacere.

Sono visi che irradiano indifferenza: non si stanno concentrando su come riusciranno nella foto. Sedurre l'obiettivo, non è questo il punto. In realtà la pratica dell'ingraziarsi è l'antitesi dell'arte. Il fascino distrae; il fascino è un ritorno al passato. Questi uomini e donne di successo hanno messo la loro vita al servizio dell'arte progressista, e l'essere affascinanti non è una qualità progressista. (Non vorrei essere dalla loro cattiva parte.)

Poiché lo schema spartano di Greenfield-Sanders non concede che il volto sia melodrammaticamente espressivo, sono gli abiti che devono assumere tale ruolo. Quando un dettaglio sartoriale spicca in una composizione dal tono uniforme, quel dettaglio appare inadeguato, importuno, esoso, volgare – dunque, un errore, una violazione del culto del *va da sé*. In effetti, le immagini di Greenfield-Sanders dimostrano che la moda è soprattutto un'arte dell'errore. Praticamente ogni dettaglio dell'abbigliamento può, in questa galleria di ritratti, essere interpretato come errore, un *faux pas* esteticamente fortuito, poiché fa arrestare l'occhio ed elettrizza la composizione. Anche quando l'abito è anonimo e nero, esso avanza una dichiarazione fragile, patetica, legata al tempo: *Io voglio apparire come uno che ha il controllo della propria immagine. Io voglio esprimere il mio gusto.* Se la persona sta cercando di cancellare il sentimento, quale sciarpa o cravatta, quale maglia o poncho non risulterebbe un'infrazione, un sintomo?

Fu il caso a lanciare Greenfield-Sanders come ritrattista: era ancora studente all'American Film Institute, quando l'AFI si trovò ad aver bisogno di un fotografo archivista. Lui si fece avanti, ed ebbe così il lusso di puntare l'obiettivo su Bette Davis, Alfred Hitchcock, Orson Welles, François Truffaut e tanti altri. Bette gli disse di non riprenderla dal basso: quell'angolazione, sosteneva, imbruttisce sempre. (L'istinto di qualsiasi persona sana di mente non sarebbe forse stato quello di posizionarsi *al di sotto* di Bette, piuttosto che presuntuosamente al di sopra?) Istruito da Madame Sin, egli ha conservato un'ingenua abilità di venerare, di sospendere lo scetticismo – anche se ora è lui la vera star delle sue serie, più che qualunque suo personaggio.

Truismo: quando le grandi stelle ti parlano, ti danno l'illusione di essere la persona più importante del mondo. È, questo, il trucco di Timothy: ti fa credere di meritare il tributo dell'obiettivo. Fa temporaneamente fiorire il tuo narcisismo.

"Narcisistico" non è un insulto. Né lo è "ossessivo" – il termine più adatto per definire il progetto poligamo di Timothy. Da molti anni è un complimento dire che un artista è ossessivo; equivale a dire che si tratta di un artista serio. "Ossessivo" ha perso il suo sibilo nevrotico. Nel caso di qualsiasi ricerca ossessiva, l'oggetto è un evento accidentale: la concentrazione posta sulla ricerca mette in ombra la finalità. Ogni immagine, per quanto bella e importante possa essere singolarmente, esiste come elemento all'interno di una più ampia serie, e la serie conta in conseguenza di come immaginiamo il processo creativo dell'artista – inseguire ogni esemplare, individuarne le tracce, sedurlo, ottenere la necessaria posa di durezza (*il rifiuto del fascino*), realizzare quindi la stampa per il dossier.

Il dossier, la casella, lo scantinato, la prigione, il laboratorio, l'obitorio dove la collezione è custodita – fantasticherie su questi spazi saturi, eroticamente pressurizzati, possono tenere in piedi tutta la notte l'osservatore bramoso di godere l'intera serie e

era, a friend warned me, "In Timothy's photos, everyone always ends up looking like X [an influential critic notorious for his or her punitively rigorous distance from the retardataire, the unfashionable, and the banal]." This seemed a delicious fate: who wouldn't want to look like this sadistically charismatic critic? Who wouldn't want to stop pretending to be nice?

Greenfield-Sanders' formidable men and women are in the business of producing—presenting, collecting, selling, interpreting— artifacts. Being schooled in visual niceties does not necessarily make one nice, or nice to look at, but it innoculates one against ever taking an uncritical stance toward received wisdoms.

If art is hard, these faces are indexes of art's difficulty: difficult to interpret, difficult to approach, difficult to please.

These faces radiate indifference: they are not concerned with how they come off. Charming the camera isn't the point. In fact, being ingratiating is art's antithesis. Charm is a distraction; charm is a throwback. These hitmen and hitwomen have given their lives in service to progressive art, and it is not progressive to be charming. (I wouldn't want to get on their bad sides.)

Because Greenfield-Sanders' spartan scheme does not permit the face to be melodramatically expressive, the garments must take up the slack. When a sartorial detail juts out from a close-toned composition, that detail appears needy, importunate, grasping, vulgar—and therefore a mistake, a violation of the cult of it goes *without saying*. Indeed, his images demonstrate that fashion is primarily an art of the blunder. Virtually every item of dress in this portrait gallery can be interpreted as an error— aesthetically fortuitous *faux pas*, because it arrests the eye and electrifies the composition. Even when the apparel is non-demonstrative and black, it makes a time-bound, fragile, pathetic statement: *I want to appear in control of my image. I want to express my taste.* If one is striving to erase sentiment, what scarf or tie, what ponytail, what sweater or serape, would not qualify as an overstep, a symptom?

Happenstance launched Greenfield-Sanders as a portraitist when, as a student at the American Film Institute, the AFI needed an archivist photographer, and he volunteered, thereby earning the luxury of aiming a lens at Bette Davis, Alfred Hitchcock, Orson Welles, François Truffaut, and others. Bette told him not to shoot her from below: that angle, she said, is always unflattering. (Wouldn't any sane person's instinct be to stand *below* Bette, rather than presumptively above?) Tutored by Madame Sin, he has retained a naïve ability to worship, to suspend skepticism—even if, now, he is the real star of his series, more so than any of his individual subjects.

Truism: when big stars speak to you, they give you the illusion that you are the most important person in the world. That is Timothy's trick: he lets you imagine that you deserve his camera's tribute. He lets your narcissism momentarily flower.

Narcissistic is no insult. Nor is obsessive—the fittest word to describe Timothy's polygamous project. For many years, it has been a compliment to call an artist obsessive. It's tantamount to calling the artist serious. *Obsessive* has lost its neurotic sibilance. With any obsessive quest, the object is incidental; the concentration brought to bear on the search overshadows the goal. Each picture, as beautiful and important as it might be individually, exists as a piece in a larger series; and the series matters because of how we imagine the artist's process—pursuing each specimen, tracking it down, seducing it, inciting from it the requisite posture of hardness (*the refusal to charm*), and then making a contact print of it for the file. The file, the box, the basement, the dungeon, the laboratory, the morgue where the collection is stored—figments of these loaded, erotically pressurized spaces may keep the viewer, seeking the solace of the

perso in sogni di stanze faraoniche. La cripta di Greenfield-Sanders, reale o ipotetica, è l'ultimo raggelato avamposto e cristallizzazione di questo progetto.

Volgiamo la pratica di Greenfield-Sanders in imperativi:
Assumi un atteggiamento e ripetilo, instancabilmente. Attuane differenti versioni. Salvale tutte. Ignora le persone ragionevoli che passano a nuovi progetti. Tu non proseguire mai. Indugia sugli stessi freddi perimetri. Lascia che gli anni scorrano. Rimani statico, lì a fotografare i santi. Fingi che siano santi. Dai loro *numen* moltiplicando gli esempi.

Questi fantasmi del mondo artistico sono interessanti non soltanto per via di ciò che hanno fatto. Sono interessanti perché sono stati visti da Greenfield-Sanders. Ognuno è andato nel suo studio; ognuno, gratificato dalla perplessità, ha affrontato l'ingombrante apparecchio fotografico, si è chiesto come sarebbe riuscita l'immagine, si è stupito del fatto che il fotografo non usa strategie teatrali, pose, scenografie, luci speciali, invece si limita a qualche scatto. Il tutto non dura più di un prelievo di sangue. Greenfield-Sanders ha avuto molti influssi; un precursore fondamentale è Andy Warhol, soprattutto i suoi provini. Il procedimento: fare un salto alla Factory, chiacchierare, gironzolare, sedersi davanti alla cinepresa mentre il maestro se ne va via, non senza aver raccomandato di non battere le palpebre. La procedura rimane la stessa, di provino in provino, ma alcuni soggetti sono più disposti (o capaci) a emanare un temperamento da star. Non viene fatta nessuna pressione sulla vittima perché reciti: la casualità dell'allestimento comunica un senso di indifferenza al modello, il quale deve costruirsi una personalità nel vuoto, oppure deve, con stoicismo (o ostilità), cercare di trattenere personalità, di non concedere nulla alla cinepresa. (Ma è impossibile, come dimostrano i provini, non concedere nulla alla macchina.) Per ironia, i soggetti originali scelti da Timothy per i suoi ritratti del mondo artistico appartenevano alla generazione di artisti della New York School – fra cui Robert Motherwell e Lee Krasner – che non potevano non disprezzare Warhol e ciò che egli rappresentava; erano artisti precedenti alla *pop art*, artisti contro cui egli montò la sua stravagante ribellione. Greenfield-Sanders scattò un'istantanea a 35 mm di Warhol nel 1977, a Los Angeles, al Polo Lounge. Un decennio più tardi prese un appuntamento per fargli un secondo ritratto, ma Warhol morì una settimana prima che si consumasse il magico evento. Metà assente, metà presente, Warhol anima l'intera serie: il formato delle foto e l'ossessività dell'impresa tradiscono la sua impronta. Quando guardo il mondo artistico di Greenfield-Sanders ricordo i provini con Marcel Duchamp realizzati da Warhol, le sue serigrafie in omaggio a Robert Rauschenberg (*Let Us Now Praise Famous Men*), il suo film su Jack Smith mentre questi filmava *Normal Love*, il suo ritratto di Joseph Beuys, il suo desiderio di tutta una vita (più che mai sgargiantemente palese soprattutto nei ritratti commissionatigli negli anni Settanta e Ottanta) di perpetuare il duro volto non-psicologico, il volto di chiunque, specialmente un volto che può pagare per questo, o un volto riconoscibile, o un volto *quasi* riconoscibile – un impostore che potrebbe diventare una star, un cameriere che assomiglia a Russ Tamblyn…

Che piaccia o no, il volto, in quanto zona di significato, continua a soggiogare gli artisti; il volto misura l'identità. Il progetto monumentalizzante di Greenfield-Sanders dimostra che la cosa più profonda (o più *eroticamente qualificante*) di ogni artista o di ogni persona che apprezzi il dato visivo può essere il proprio volto, che la persona ammetta o non ammetta tale fatto, che la persona pensi o non pensi di avere cose più serie per la testa.

whole set, up all night dreaming of pharaonic enclosures. Indeed, Greenfield-Sanders' vaults, real or hypothetical, are this project's final freezing outposts and crystallizations.

To turn Greenfield-Sanders's practice into imperatives:
Set yourself up around a behavior, and repeat it, indefatigably. Perform different versions of it. Save them all. Ignore reasonable people who move on to new projects. Never move on. Retain the same cold perimeters. Let years pass. Remain stationary, photographing the saints. Pretend they are saints. Give them numen by multiplying the instances.

These art world ghosts are interesting not simply because of what they have accomplished. They are interesting because they have been seen by Greenfield-Sanders. Each person has visited his studio: each, gratified by perplexity, has faced the cumbersome view-camera, has wondered how the image will turn out, has felt surprise that the photographer requires no theatrics, no poses, no props, no special lights, and that he only needs to take a few shots. The whole procedure lasts no longer than a blood test.

Greenfield-Sanders has had many influences; one crucial precursor is Andy Warhol, especially his *Screen Tests*. The procedure: show up at the Factory, chat, hang out, sit before the movie camera while the master walks away, having first instructed you not to blink. The format remains the same, test to test, but some subjects are more willing (or able) to project star power. No overt pressure compels the victim to perform: in fact, the casual set-up communicates an indifference to the sitter, who must manufacture a personality in a void, or else must stoically (or hostilely) attempt to withhold personality, to give nothing to the camera. (And it is impossible, as the *Screen Tests* verified, to give nothing to a camera.) Ironically, the original subjects Timothy chose for his art world portraits were the generation of New York School artists—including Robert Motherwell and Lee Krasner—who must have despised Warhol and what he represented; these were the artists who preceded Pop, and against whom he staged his fey rebellion. Greenfield-Sanders took a 35mm snapshot of Warhol in 1977, in Los Angeles, at the Polo Lounge. A decade later, he had scheduled an appointment to do a second portrait of Warhol, who died a week before the magical event would have transpired. Half absent, half present, Warhol animates the entire series. The format of these photos, as well as the obsessiveness of the enterprise, show Warhol's imprint. Looking at Greenfield-Sanders' art world, I recall Warhol's *Screen Test* of Marcel Duchamp, his silkscreen in homage to Robert Rauschenberg ("Let Us Now Praise Famous Men"), his film of Jack Smith filming *Normal Love*, his portrait of Joseph Beuys, and his lifelong desire (most luridly evident in the photo-based commissioned portraits of the 1970s and 1980s) to perpetuate the hard, unpsychological face, anyone's face, especially a face that can pay for it, or a face that can be recognized, or a face that can almost be recognized—a hustler who might become a star, a carhop who resembles Russ Tamblyn …

Like it or not, the face, as a zone of meaning, still dominates artists; the face measures identity. Greenfield-Sanders' monumentalizing project proves that the most profound (or the most *erotically indexical*) thing about any artist, or any person who values the visual, may be his or her face, whether or not the person admits this fact, whether or not the person thinks that he or she has more serious things in mind.

From Timothy Greenfield-Sanders, *Art World*, Fotofolio, New York 1999

Da Timothy Greenfield-Sanders, *Art World*, Fotofolio, New York 1999

Jerry Saltz

COLLECTIVE-MEMORY LANE

Jerry Saltz, *art critic*, 1991, b/w contact print, 11 x 14 inches.

Timothy Greenfield-Sanders, fotografo piaggiatore della corte artistica, ha rivestito la Mary Boone Gallery con le fotografie dei membri di quel mondo da lui ritratti durante gli ultimi due decenni. I settecento ritratti, uno accanto all'altro da parete a parete, dal soffitto al pavimento, formano un ambiente-annuario: un avvolgente *Who's Who – Chi-è-chi* , o *Chi-era-Chi* – di artisti, mercanti, critici, collezionisti, curatori e individui di cui mai si sa che cosa facciano, però danno sempre l'impressione di star facendo qualcosa. Se si è appartenuto a questo ambiente dagli anni Ottanta a oggi, forse si vedrà scorrere la propria vita davanti agli occhi.
Malgrado la debolezza delle singole fotografie di Greenfield-Sanders, l'effetto dell'insieme è stranamente toccante in una riunione di classe, una sorta di galleria di furfanti. È una passeggiata fotografica lungo la corsia della memoria collettiva. È anche una specie di opera d'arte, forse di arte concettuale, in cui l'artista stabilisce un progetto e lo realizza, un'immagine, un colosso e un gigante per volta. Altri fotografi sono venuti e andati. Peter Bellamy e Roland Hagenberg, per esempio, hanno fotografato decine di artisti degli anni Ottanta; Nan Goldin, David Seidner e Jack Pierson ci hanno cincischiato pure loro. Ma Greenfield-Sanders ha agito per ambizione, un'ambizione a un tempo sommersa e ossequiosa, genuina e grandiosa. Fondamentalmente voleva essere l'August Sander e l'Andy Warhol del mondo artistico.
Purtroppo le sue foto non possiedono né la personalità, gravità e umanità di quelle di Sander, né l'invenzione di Warhol, la quale fa capire all'osservatore che la persona raffigurata è una fulgida costruzione fabbricata da Andy e accoliti, dalla sua macchina e dal soggetto. In sé, le foto di Greenfield-Sanders non sono per niente interessanti. Sbiadiscono subito se non si conosce l'identità del protagonista e non si sa quale fosse il suo ruolo.
La formula di Greenfield-Sanders è tanto generica quanto livellante: una foto in bianco e nero di una persona contro uno sfondo vuoto. Talvolta ricorre a un inutile effetto di sfocatura, o cambia lo sfondo, ma non c'è quasi connessione, quasi alcuna gioia e c'è poca intuizione. Il suo vero modello estetico è la foto segnaletica. Bisogna, comunque, dargli atto che evita la tipica foto da studio – quella in cui l'artista (di solito un "lui") ci fissa con un eloquente sguardo di incommensurabile distacco che sta a dire: "Questo è il mio spazio. Questa è roba mia. Io sono un genio". Negli anni Ottanta, guardavo i suoi ritratti e pensavo: "Accidenti, hanno un'aria qualunque! Ne vorrei uno anch'io". Infine, nel 1991, un museo italiano mi chiese una foto, specificando che doveva essere di Greenfield-Sanders. Era venuto il momento.
Presentandomi alla sua ex canonica bizzarramente gotica nell'East 2nd Street con addosso una giacca da caccia firmata L.L.

Timothy Greenfield-Sanders, sycophantic court photographer to the art world, has lined the Mary Boone Gallery with photographs of members of that court taken over the course of two decades. Seven hundred portraits, hung wall-to-wall and floor-to-ceiling, form a walk-in yearbook: a wraparound who's who—or a who *was* who—of artists, dealers, critics, collectors, curators, and people who you never know what they do other than that they always seem to be doing it. If you were a part of this world between 1980 and today, your life might pass before your eyes.
Despite the weakness of Greenfield-Sanders's individual photographs, the ensemble presentation is oddly affecting in a class reunion, rogue's gallery sort of way. It's a photographic walk down collective-memory lane. It's also some kind of work of art, maybe of conceptual art, where the artist sets up a project and carries it out, one picture, one mover, and one shaker at a time. Other photographers came and went. Peter Bellamy and Roland Hagenberg, for example, photographed dozens of 1980s artists: Nan Goldin, David Seidner, and Jack Pierson also dabbled in it. But Greenfield-Sanders acted on an ambition that was at once submerged and obsequious, genuine and grandiose. Basically he wanted to be the art world's August Sander and Andy Warhol.
Unfortunately, his photographs have neither Sander's individuality, gravity, and humanity nor Warhol's artifice, which lets the viewer know that the person in the picture is a glamorous construct, fabricated by Andy and his henchmen, his camera, and the sitter. On their own, Greenfield-Sanders's pictures aren't all that interesting. If you don't know the identity of the players and what their games were, they fade fast.
Greenfield-Sanders's formula is as generic as it is equalizing: a black-and-white photograph of a person in front of a blank background. Occasionally he employs a pointless blurry effect, or varies the background, but there's almost no rapport here, almost no playfulness, and little insight. Greenfield-Sanders's true aesthetic model is the mug shot. However, he should be credited for avoiding the typical artist's studio photograph—the image in which the artist (usually a he) stares out at us meaningfully with a look of immeasurable cool that says, This is my space. This is my stuff. I am a genius.
Throughout the '80s, I looked at Greenfield-Sanders's portraits and thought, "God, these are mundane. I wish I could be in one." Finally, in 1991, an Italian museum requested a picture and specified Greenfield-Sanders. It was time for my close-up.
Showing up at his weirdly Gothic former rectory on East 2nd

217

Bean, ebbi di me un'insipida visione di amante dell'aria aperta-saldatore-critico d'arte. Greenfield-Sanders, che lavora veloce, mi dava istruzioni da dietro il suo grande apparecchio fotografico: "Non sorrida. Tenga chiuse le labbra. Non reciti". Intanto chiedeva: "Chi altro devo fotografare?" Nel giro di venti minuti, mi fece togliere il cappotto e apparire come un grassoccio professionista ebreo di golf. Quando ho visto il ritratto in galleria volevo scriverci sotto: "Adesso sono più magro," anche se – orrore – ero vestito nello stesso modo. Fa niente. Alla Boone mi sembrava di essere parte di qualcosa. Lì le foto segnaletiche si trasformano in un animato coacervo di persone, eventi, alleanze e intrighi, faide e pettegolezzi. Un'anagrafe dei dimenticati, dei morti, di coppie passate e presenti, dei belli e dei bravi. Volutamente privo di ordine cronologico o alfabetico, questo è un dinner party; la mostra è molto meno appesa di quanto non sia *seduta*. Gironzola, cerca di individuare le facce famose, controlla chi sta con chi, sii malevolo, cerca di immaginare come abbia fatto il tal dei tali a farsi invitare, guarda le facce pre e post chirurgia plastica. Molti nomi non sono familiari, altri spiccano più di una volta. Dopo il quinto avvistamento di Jasper Johns, perdo il conto.

C'è dolcezza in tutto questo. Guarda le coppie, fianco a fianco. Ecco Gilbert, che trasale spaventato, e George carino quanto si può; i critici Brooks Adams e Lisa Liebmann, che trasudano *glamour*; l'artista Cecily Brown riunita al padre critico d'arte David Sylvester. Guarda le facce dimenticate dell'East Village o i bei volti di Marisol e Klaus Kertess. Qualcuno riesce a far colpo: Elaine de Kooning con la sua sigaretta; Sherrie Levine, l'unica con gli occhiali; David Hammons alla maniera di un profeta di strada; Agnes Martin che sembra la nostra Gertrude Stein; l'artista Mike Sale con un collare da cane, e Jack Pierson senza camicia. Alcuni, come Walter Robinson e Larry Clark, li vediamo al tempo in cui erano giovani e belli. Altri, come me, non se la passano altrettanto bene. Gerhard Richter pare un azzimato uomo d'affari tedesco. Per aver l'idea del desiderio che Greenfield-Sanders ha di piacere, guarda come ha "messo seduta" la sua ospite. Mary Boone è circondata dal denaro e dal potere. Alla sua sinistra c'è il megacollezionista Eli Brood; alla sua destra Leo Castelli, che è vicino a Larry Gagosian, che è vicino a Ileana Sonnabend, che è vicino a Brice Marden, che – commovente! – è vicino a sua moglie Helen. Nel frattempo, il grande amico di Greenfield-Sanders, Peter Halley, è sistemato tra Warhol e Johns.

Questo non è un ritratto completo del mondo dell'arte, e non è sempre un bel ritratto, ma, preso nel suo insieme e con un enorme pizzico di sale, questo ritratto di famiglia funzionerà, finché non se ne presenterà uno di migliore.

Da *The Village Voice*, 7 dicembre 1999

Street, wearing an L.L. Bean hunting jacket, I had this insipid image of myself as the outdoorsman-welder-art critic. Greenfield-Sanders, who works fast, coached from behind his big view camera: "Don't smile. Keep your mouth closed. Don't act," all the while asking, "Who else should I shoot?" Within 20 minutes, he had my coat off and me looking like a puffy, Jewish golf pro. When I saw the picture in the gallery, I wanted to write under it, "I'm thinner now," though, to my horror, I was wearing the same clothes.

No matter—at Boone, I seemed to be part of something. There, the mug shots become a moving accumulation of people, events, alliances, intrigues, feuds, and gossip—a record of the forgotten, the dead, of couples past and present, of the beautiful and the talented. Eshewing chronological and alphabetical order, this is a dinner party; the show isn't hung so much as it's *seated*. Drift around, try to spot the famous faces, check out who's with who. Be catty; try to figure how so-and-so got invited; see people pre- and post-plastic surgery. Many of their names are unfamiliar; others pop up more than once. I lost count of Jasper Johns sightings after five.

There is a sweetness to it all. Look at the couples side by side. There's Gilbert looking startled and George cute as a button; the critics Brooks Adams and Lisa Liebmann, exuding glamour; the artist Cecily Brown is reunited with her art critic father, David Sylvester. See the forgotten faces of the East Village or the great faces of Marisol and Klaus Kertess. Some people manage to look striking: Elaine de Kooning with her cigarette; Sherrie Levine, the only one in sunglasses; David Hamons in the manner of a street prophet; Agnes Martin as our Gertrude Stein; artist Mike Sale in a dog collar; and Jack Pierson shirtless. Some, like Walter Robinson and Larry Clark, we see when they were young and beautiful. Others, like me, don't fare as well. Gerhard Richter looks like a dapper German businessman.

To get a fix on his longing to please, see how Greenfield-Sanders "seats" his hostess. Mary Boone is surrounded by power and money. On her left, the megacollector Eli Broad; on her right, Leo Castelli, who is next to Larry Gagosian, who is next to Ileana Sonnabend, who is next to Brice Marden—who, touchingly, is next to his wife, Helen. Meanwhile, Greenfield-Sanders's great friend Peter Halley is placed between Warhol and Johns.

This is not a complete picture of the art world, and it's not always a pretty one, but taken whole, and with a huge grain of salt, this family portrait will have to do until a better one comes along.

From *The Village Voice*, 7 December 1999

Larry Gagosian,
gallerist, 1989,
b/w contact print,
11 x 14 inches.

Walter Robinson,
artist/art critic, 1985,
b/w contact print,
11 x 14 inches.

David Sylvester,
art critic, 1990,
b/w print from 20 x 24
inches color Polaroid.

Jeremy Gilbert-Rolfe

A SUPPLEMENTARY NOTE ON ASSERTIVENESS, POINTLESSNESS, AND THE SYCOPHANTIC

Jeremy Gilbert-Rolfe, *artist/art critic*, 1987, b/w contact print, 11 x 14 inches.

Ciò che mi piace delle foto di Timothy Greenfield-Sanders è che assolvono due funzioni a un tempo: presentano il soggetto come questi vuole essere presentato, ma anche mostrano di lui aspetti che in cuor loro i suoi amici trovano ridicoli. È proprio ciò che si chiede a un ritratto. Tutta la migliore ritrattistica cattura connotati assurdi del soggetto che egli conosce bene, ma spera che il mondo tolleri, oppure se ne infischia se questo non accade. Il quadro di Ingres con la Comtesse d'Hausonville (1845) è un buon esempio in proposito, e lo è pure Rembrandt quando raffigura se stesso negli ultimi autoritratti, specialmente quello in cui si mostra con un turbante bianco. Credo che alcuni degli amici intimi di Baudelaire siano davvero scoppiati a ridere nel vedere la foto del poeta scattata da Nadar.

Le foto di Greenfield-Sanders incentrate su personaggi del mondo artistico sono state esposte recentemente dalla galleria Mary Boone di New York, e sono state pubblicate poi, con il titolo di *Art World*, in un libro che assomiglia, così mi si dice, all'album con le istantanee di un anno di scuola. *Art World* è diviso nelle diverse categorie istituzionali su cui si regge il mondo dell'arte: artisti, mercanti, collezionisti, curatori e direttori, critici. Questa strutturazione sembra appropriata per i tempi. Comincia e finisce con i protagonisti più immediatamente legati all'arte, e chi detiene il potere fa in modo che questi due gruppi rimangano separati l'uno dall'altro.

Siccome la foto registra qualcosa che sicuramente è accaduto, il piacere derivabile dal fotografico è sempre collegato all'idea di vero o al suo compagno e complemento, la fantasia. Sfogliando il libro e vedendo tanti vecchi amici e altri volti familiari anche se non conosciuti personalmente, si è colpiti da verità che non sorprendono – per certo una garanzia del valore documentario di quest'opera.

Le foto dei collezionisti sono ben caratterizzate individualmente, come prevedibile dato che essi sono accomunati soltanto da quello che per loro è un passatempo. Analogamente mercanti, direttori e curatori vanno dal giocoso (per esempio Paula Cooper e Leo Castelli) al non-plausibile (Jeffrey Deitch), benché nel loro caso sia possibile notare un menu di pose più limitato.

Questo menu è ancor più drasticamente stringato a entrambe le estremità del libro. Come ora si usa, tutti gli artisti hanno un'aria critica, mentre tutti i critici appaiono artistici, e all'interno di queste varianti le pose a disposizione di ogni gruppo sono, in termini generali, soltanto due.

Per gli artisti vi sono le opzioni più-caldino-del-freddo (Nancy Haynes) o freddo (Rebecca Horn), mentre i critici attuano la loro tradizionale scelta fra Ottocento tale e quale, oppure ver-

What I like about Timothy Greenfield-Sanders' photographs is that they do two things at once. They present one as one wants to be presented, but they also show what it is about oneself that one's friends secretly find ludicrous. That is what one wants from portraits. All the best portraiture captures what it is about the subject that he or she knows to be absurd but expects the world to tolerate, or doesn't care if it doesn't. Ingres' painting of the Comtesse d'Hausonville (1845) exemplifies this, and Rembrandt does it to himself in the late self-portraits, especially the one where he's wearing a white turban. There must, I feel, have been close friends of Baudelaire who burst into laughter on seeing Nadar's photograph of him for the first time.

Recently Greenfield-Sanders' photographs of people in the art world were shown together at Mary Boone gallery in New York, and subsequently published in what I am told resembles a school yearbook and is called *Art World*. *Art World* is divided into the institutional categories through which the art world sustains itself: artists, dealers, collectors, curators and directors, and critics. This arrangement seems right for the times. It begins and ends with those most immediately concerned with art, and those who hold power hold these two groups apart.

Because photography records something that therefore must have happened, the pleasures of the photographic are always related to an idea of the truthful or its companion and complement, the fantasy. As one leafs through the book and sees so many old friends, and other faces familiar although not on a personal basis, one is struck by truths that are not surprising— surely a guarantee of its documentary worth.

The collectors' photographs seem quite individuated, as one would expect given that they are united only by what is for them a leisure-time activity. The dealers, directors and curators similarly range from the playful (e.g., Paula Cooper and Leo Castelli) to the implausible (Jeffrey Deitch), although here one may discern a more limited menu of postures.

This menu is even more sharply sparse at either end of the book. As is now traditional, the artists all look critical while all the critics look artistic, and within these options there are broadly speaking only two postures available to each group.

For the artists there are the options of warmer than cool (Nancy Haynes) or cool (Rebecca Horn), while the critics perform their own customary choice between the 19th century as such or 19th-century versions of popular culture. Thus Leo Steinberg has arranged himself to resemble a Victorian re-enactment of a 17th-century version of a Titian, while Robert Pincus-Witten (one of the few allowed, or inclined, to smile) has

sioni ottocentesche di cultura popolare. Così Leo Steinberg fa in modo di assomigliare a un'interpretazione vittoriana di una versione secentesca di un Tiziano; Robert Pincus-Witten (uno dei pochi autorizzati, o inclini, a sorridere) si è invece fatto ritrarre nello stile di una foto di moda incentrata sul far qualcosa di allusivo con il dito di un guanto.

Soltanto Hilton Kramer, probabilmente grazie alla sua indifferenza verso la cultura visiva, riesce a sfidare queste coazioni, apparendo come un ricco collezionista repubblicano a una cena importante, seccatissimo perché nessuno degli artisti presenti concorda con lui sul fatto che sotto Reagan i poveri se passavano in realtà molto meglio. (Io, caso mai qualcuno se lo chiedesse, sono rintracciabile fra gli artisti e ho esattamente lo stesso aspetto che avevo quindici anni fa.)

L'utilità di *Art World* mi apparve così eccezionale – conferma molte delle cose che sappiamo e che intendiamo tramandare alle generazioni future – che fui stupito di apprendere che a Jerry Saltz, il critico d'arte di *The Village Voice*, la mostra non era piaciuta affatto. La mia attenzione fu inoltre allertata quando seppi che egli era stato la sola persona – di altre non avevo notizia – riluttante a farsi fotografare da Greenfield-Sanders.

Tuttavia, anche se comprendevo che potesse avercela perché Greenfield-Sanders lo aveva fatto apparire grassoccio, non riuscivo a capire che cosa mai mancasse a suo avviso nelle foto. È difficile sapere ciò che Jerry vuole, poiché egli appartiene a quella tendenza della critica d'arte in cui uno parla con tono d'autorità mentre avanza affermazioni del tutto inconsistenti. L'esempio canonico di questo atteggiamento è il discorso di Donald Judd su Pollock, nel quale la dichiarazione che ogni altro scrittore su quell'argomento dice solo genericità fa da prologo a una discussione che non tratta d'altro.

Fedele a tale metodo di argomentazione, Saltz trova queste foto "irragionevolmente" annebbiate, ma non ci dice che cosa in esse è irragionevole. Il concetto sembra essere che si tratta di un'irragionevolezza la quale non ha un correlativo logico in opere messe "irragionevolmente" a fuoco, e che le fotografie devono essere obiettivamente vere in un qualche modo che imponga loro di essere chiare: la definizione, in tal caso, equivale alla verità.

Dunque è una verità molto critica quella che egli ha in mente, una verità per qualche verso connessa all'idea del definire; quindi, per analogia, al discorso e all'analisi. È forse sotto la spinta di quest'ambizione metafisica che Saltz paragona le foto di Greenfield-Sanders a quelle di August Sander, il fotografo tedesco degli anni prebellici. Il parallelo sembra appropriato e promettente, in quanto anche Sander sceglieva i suoi soggetti in base alla professione, soggetti legati inoltre fra loro da forti vincoli culturali.

Tuttavia, da questo raffronto Saltz non tira fuori nessuna idea, a parte la tesi ridicola secondo cui le foto di Sander ci dicono tutto ciò che abbiamo bisogno di sapere sulla predisposizione psicologica e sociale di individui appartenenti al mondo rurale e semirurale della Germania nordorientale degli anni fra le due guerre, mentre nel caso delle foto di Greenfield-Sanders è necessario provvedere a integrazioni se si vuole comprendere il mondo artistico contemporaneo.

Una conclusione ridicola, questa, dato che ogni fotografia ha bisogno di un'integrazione per il fatto stesso di essere un documento. Se fosse autosufficiente, non documenterebbe null'altro che se stessa. La foto integra ed è integrata da ogni altra cosa che una persona sa su ciò che essa raffigura.

Nell'impossibilità di scorgere un senso nel raffronto con Sander, così come tale raffronto è espresso, si suppone che l'inadeguatezza percepita da Saltz abbia a che vedere con l'attacco che egli lancia contro le foto di Greenfield-Sanders quando

had himself done as a fashion photograph built around doing something suggestive with the finger of a glove.

Only Hilton Kramer is able to defy these constraints, probably because of his indifference to visual culture, looking instead like a rich Republican collector at a supper party who has become exasperated because none of the artists there will agree with him that the poor actually flourished under Reagan. (I, should anyone be wondering, am to be found among the artists and look exactly as I did nearly 15 years ago.)

I thought the usefulness of Art World so striking, because it confirms so much that we know and will want to pass on to future generations, that I was surprised to see that Jerry Saltz, the art critic of the Village Voice, didn't like the show at all. My attention was piqued, moreover, when I learned that he was the only person of whom I'd ever heard who had been reluctant to have Greenfield-Sanders photograph him.

However, beyond understanding that he feels that Greenfield-Sanders has made him look plump, I could not grasp what it was that he felt the photographs lacked. It's difficult to know what Jerry wants because he belongs to that art critical tendency in which one speaks authoritatively while making wholly unqualified assertions, the canonical example of which is Donald Judd on Pollock, where all other writers on the topic are dismissed as dealing only in generalizations as the prologue to a discussion which deals in nothing else.

Faithful to this mode of argumentation, Saltz describes some of the photographs as "pointlessly" blurry but doesn't tell us what's pointless about it. The suggestion seems to be that it is a pointlessness that does not have a logical correlative in works which are "pointlessly" focused, but rather that photographs are meant to be objectively truthful in some way that requires them to be clear, definition being equivalent to the truth.

It is a very critical kind of truth he has in mind then, one which has to do with defining, and thus by implication with discourse and analysis. It is perhaps with this metaphysical ambition in mind that Saltz compares Greenfield-Sanders' photographs to those of the pre-war German photographer August Sander. The comparison seems apt and promising, in that Sander too photographed people according to their trades who were also bound by strong cultural links.

However, Saltz does nothing with this comparison except to advance the ridiculous idea that Sander's photographs tell me all I need to know about the psychological and social predispositions of rural and semi-rural individuals in northeast Germany in the years between the world wars, while Greenfield-Sanders' need supplementation if one is to understand the contemporary art world.

This is ridiculous because any photograph requires supplementation to the extent that it is a document. If it were self-sufficient it wouldn't be documenting something other than itself. It supplements, and is supplemented by, everything else one knows about what it depicts.

Unable to make sense of the comparison with Sander as it is expressed, one supposes that the inadequacy Saltz perceives must have to do with the charge he levels at Greenfield-Sanders' photographs when he says that, though he finds them unsatisfactory for the dubious reason stated above, they are the best description of the art world that we have, but unsatisfactory above all—that is to say, apart from when they're pointless—because the photographer is a sycophant.

This seemed like a very strong word to me, and one very difficult to use in the art world context with any assurance that others might share one's definition of it. I, for example, might once have been sympathetic to the notion that anyone who remembered a

afferma che, pur apparendogli insoddisfacenti per la dubbia ragione sopra esposta, esse sono la migliore raffigurazione in nostro possesso del mondo dell'arte, ma che sono insoddisfacenti in primo luogo – ossia tranne quando sono irragionevoli – perché il fotografo è un piaggiatore.

A me questa è sembrata una parola molto forte, una parola difficile da usare nel contesto del mondo artistico con l'illusione che altri condividano una simile definizione. Io, per esempio, posso forse, una volta, esser stato d'accordo sul concetto che chiunque ricorda il nome di un collezionista è irrimediabilmente un piaggiatore. Se ora magari non la vedo più così, questo pensiero mi ha condotto a un altro nel momento in cui ho sentito Saltz usare tale termine nei confronti di Greenfield-Sanders, vale a dire che quella di essere un piaggiatore è un'accusa con cui un fotografo dovrebbe, naturalmente, flirtare, mentre un critico non può farlo.

Dopotutto, è ben difficile che una persona si lasci fotografare se pensa che il fotografo la odia o la disprezza (a meno che non sia questa la moda corrente). Possiamo allora dire che l'essere ingrazianti è un requisito professionale tipico del fotografo, mentre un critico ingraziante è un ossimoro.

Un fotografo, per esempio, potrebbe giustificatamente trascorrere molto tempo con l'agente pubblicitario di Margaret Thatcher, Charles Saatchi, e tirarne fuori qualche bella foto. Viceversa un critico non potrebbe fare una cosa del genere, perlomeno così credo.

Mi chiedo, dunque, se non sia questa la molla del giudizio critico di Saltz nei confronti di Greenfield-Sanders. I fotografi finiscono con l'essere acritici – per adattare uno dei miei temi preferiti – mentre i critici devono essere critici. I fotografi hanno l'obbligo professionale di presenziare ogni ricevimento ed essere simpatici con tutti. I critici hanno l'obbligo di essere critici e per questo motivo devono talvolta rimanere a casa a leggere piuttosto che uscire e divertirsi senza essere piaggiatori.

Può forse essere che le obiezioni di Saltz all'opera di Greenfield-Sanders riflettano o esprimano una certa impazienza verso le costrizioni della posizione di distanza che i suoi obblighi professionali gli impongono di tenere? Probabilmente è, questa, la ragione per cui Sander gli piace molto di più di Greenfield-Sanders. È quel suo pietismo prussiano, così contemplativo eppure analitico (il quale ricorda che pure Kant veniva da quei paraggi), ad attrarre Saltz. In futuro lo leggerò – soprattutto in riferimento all'arte che egli difende – tenendo tutto ciò a mente e, forse, il ritratto di Greenfield-Sanders a portata di mano; ma sarò pronto nel contempo a ridimensionare la portata delle affermazioni.

Intanto sento di dover tornare alle mie frasi d'apertura, in cui dicevo che Greenfield-Sanders è un documentarista che riesce a indurre i suoi soggetti a svelarsi. Soltanto il fascino può conseguire un esito come questo, e ciò starebbe a significare che di tutti gli operatori del mondo artistico il fotografo è quello nei cui confronti l'accusa di piaggiamento non sarebbe mai tanto appropriata quanto potrebbe esserlo, in ogni occasione, per un qualsiasi altro partecipante del flusso storico.

Questa probabilmente è la ragione per cui la critica, soprattutto del genere di rigore autoritario del mondo dell'arte, si contraddistingue per la sua dipendenza dalla distanza. Che, ovvio, mantiene sempre superbamente, con un senso del tutto prussiano di modesta rettitudine.

Da artnet.com online, 15 gennaio 2000

collector's name was hopelessly sycophantic. And while I may no longer think this, it is a thought which led me to another when I saw Saltz use the word about Greenfield-Sanders, which is that sycophancy would of course be a charge with which a photographer would have to flirt while a critic could not.

People are hardly going to let one take their photograph if they think one hates or despises them, after all (unless that's what's in fashion). So one may say that being ingratiating is a professional requirement of the photographer, while an ingratiating critic is, on the other hand, an oxymoron.

A photographer, for example, might reasonably spend a lot of time with someone like Margaret Thatcher's adman Charles Saatchi, and get some good photographs out of it. But a critic could not possibly do any such thing, or so I should think.

I wonder, then, if this is not the basis of Saltz's complaint against Greenfield-Sanders. Photographers get to be uncritical—to adapt a favorite theme of mine—while critics must be critical. Photographers are professionally obliged to go to all the parties

and be nice to everyone. Critics are obliged to be critical and for that reason must sometimes stay at home and read rather than going out and enjoying themselves without being sycophantic.

Could it be that Saltz's objections to Greenfield-Sanders' work reflect or express a certain impatience with the constraints of the aloof position his professional obligations require him to maintain? Perhaps this is why he likes Sander so much more than Greenfield-Sanders. It is that Prussian Pietism, so contemplative yet analytical (recalling as it does that Kant himself came from around there) that appeals to Saltz. In the future I shall read him—particularly with regard to the art he recommends—with this in mind, perhaps with Greenfield-Sanders portrait close to hand, but if so while making allowances for weight.

In the meantime I feel obliged to return to my opening sentences, where I suggested that Greenfield-Sanders is a documentary artist who inveigles his subjects into giving themselves away. Only charm could achieve such an effect, and the implication of that is that the photographer would be the one tradesman in the art market regarding whom the charge of sycophancy could never be apposite in quite the way that it might on any occasion be of any other participant in the historic flow.

This is probably why criticism, particularly of the authoritative sort de rigueur in the art world, has in contradistinction such a dependence on distance. Which it of course always proudly maintains with an absolutely Prussian sense of modest rectitude.

From artnet.com online, 15 January 2000

Nancy Haynes,
artist, 1998, b/w contact print, 11 x 14 inches.

Christian Haub,
artist, 1989, b/w contact print, 11 x 14 inches.

Karin and Isca
Greenfield-Sanders
with Willem
de Kooning,
East Hampton 1980.

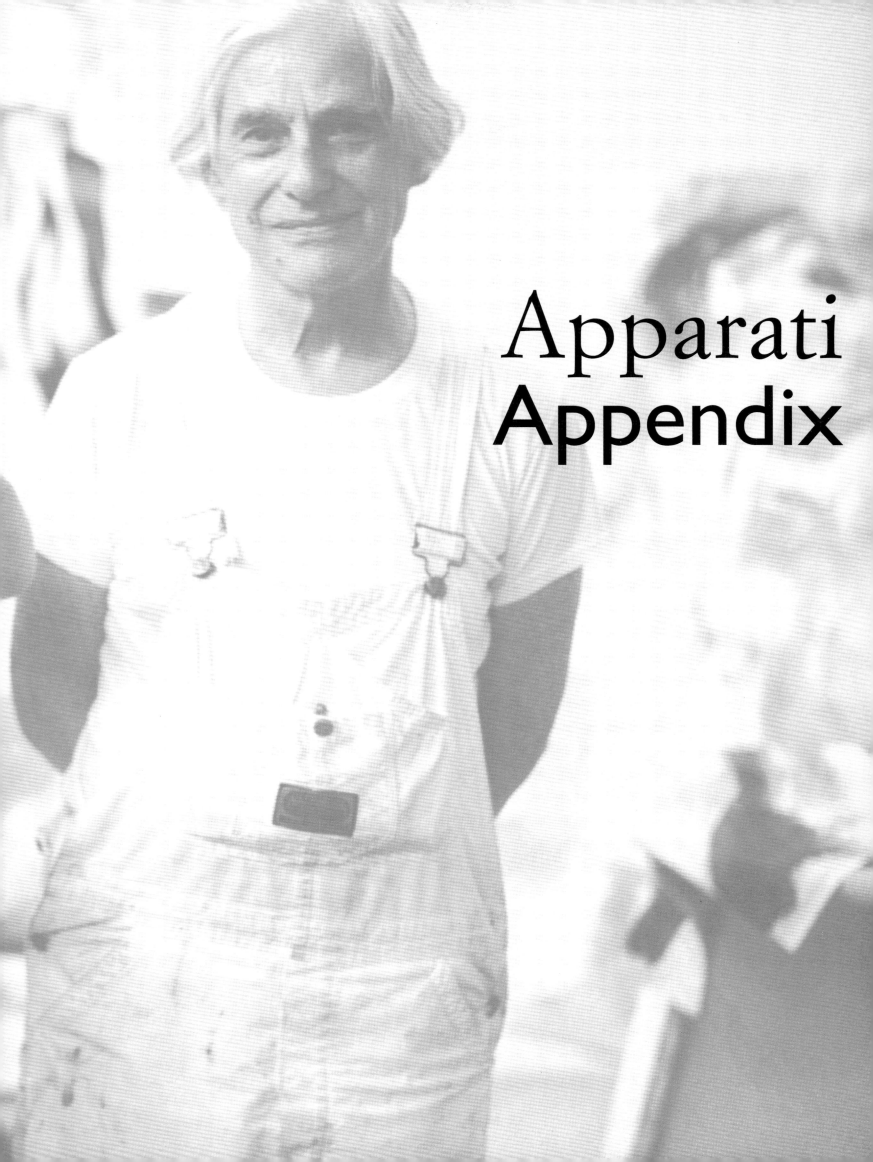

Apparati
Appendix

1952

Born in Miami Beach, Florida. Attends Cushman and Ransom Schools. Pivotal teacher: Dan Leslie Bowden (above).

Nasce a Miami Beach, in Florida. Frequenta la Cushman School e la Ransom School. Dan Leslie Bowden (nella foto) è il professore più determinante per la sua formazione.

1968-1970

Works in 35 mm and Super-8 film. Interested in experimental film and music.

Lavora con pellicole 35 mm e in Super 8. Si interessa di musica e di cinema sperimentale.

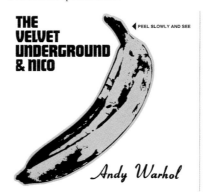

1970

Enters Columbia University. Lives at Experimental College.

Si iscrive alla Columbia University. Risiede all'Experimental College.

1970

Tally Brown (below), singer/actress, introduces Andy Warhol, Jackie Curtis, Candy Darling, and Holly Woodlawn.

Tally Brown (nella foto), cantante e attrice, gli presenta Andy Warhol, Jackie Curtis, Candy Darling e Holly Woodlawn.

Meets Salvador Dalí and Gala through Tally Brown and her companion artist Ching Ho Cheng (left).

Tramite Tally Brown e l'artista Ching Ho Cheng (a sinistra), amico di quest'ultima, conosce Salvador Dalí e Gala.

1971

First self-portrait.

Primo autoritratto.

1972

Majors in Art History at Columbia. Additional courses at Columbia Graduate Film School. Above: Margaret Mead, anthropologist.

Alla Columbia University si specializza in Storia dell'Arte. Frequenta altri corsi presso la Columbia Graduate Film School. Nella foto, l'antropologa Margaret Mead.

1973

1974

1975

Makes *Nude Descending a Staircase* (below: film still), experimental film/documentary set to Lou Reed's *I'm Set Free*.

Realizza il documentario sperimentale *Nude Descending a Staircase* (sotto, un fotogramma), ispirato a *I'm Set Free* di Lou Reed.

Attends Candy Darling's funeral. Meets Karin Sanders (left), future wife, at her "Wednesday Evening Tea".

Presenzia al funerale di Candy Darling. Conosce la futura moglie, Karin Sanders (a sinistra), a un "Wednesday Evening Tea", cena che lei tiene ogni mercoledì sera.

Meets underground filmmaker Jack Smith (*Flaming Creatures*). Works with Smith on various slide/film projects. Friends until 1989 death from AIDS. Left: Jack Smith.

Conosce il cineasta underground Jack Smith (*Flaming Creatures*). Lavora con Smith a vari progetti di film/diapositive. Rimangono amici fino al 1989, anno della sua morte per AIDS. A sinistra: Jack Smith.

Moves to Soho loft with Karin Sanders and filmmaker Rick McCallum.

Si trasferisce in un loft di Soho insieme a Karin Sanders e al cineasta Rick McCallum.

1975

Sells shoes during the day and projects films for Donald Spoto's New School Hitchcock class at night. Meets *Birds* star, Tippi Hedren (above, with Donald Spoto).

Di giorno vende scarpe, di sera proietta film per il corso su Hitchcock alla New School di Donald Spoto. Conosce Tippi Hedren, protagonista del film *Gli uccelli* (nella foto, con Donald Spoto).

McCallum's mother, Pat (Mrs. Michael York), raves about "wonderful little film school, The American Film Institute, in a nice part of Beverly Hills". Above, Rick McCallum.

La madre di McCallum, Pat York (Mrs. Michael York), va in estasi per "la meravigliosa piccola scuola di cinema, l'American Film Institute, in una zona carina di Beverly Hills". Nella foto, Rick McCallum.

Attends AFI in L.A. Karin Sanders begins UCLA Law School. Drives 1954 Ford Customline.

Frequenta l'AFI a Los Angeles. Karin Sanders si iscrive a giurisprudenza presso la UCLA Law School. Guida una Ford Customline del 1954.

For AFI'S James Powers (above) takes portraits of visiting film notables: Ingmar Bergman, Francois Truffaut, Billy Wilder, Henry Fonda, Satyajit Ray, Neil Simon, Steven Spielberg, etc.

Per James Powers dell'AFI (nella foto) ritrae importanti personalità del cinema in visita all'Istituto: Ingmar Bergman, François Truffaut, Billy Wilder, Henry Fonda, Satyajit Ray, Neil Simon, Steven Spielberg, ecc.

Gets portrait advice from Bette Davis.

Bette Davis gli dà consigli su come realizzare ritratti.

1976

1977

Meets *Interview Magazine* West Coast editor Peter Lester (above) at Bee Gees concert. Contributes monthly portraits to Lester's "Partywood" column. Friendship with Lester until death from AIDS in 1983.

A un concerto dei Bee Gees conosce Peter Lester (nella foto), direttore dell'*Interview Magazine West Coast*. Realizza ogni mese ritratti per la rubrica di Lester "Partywood". Rimangono amici fino al 1989, anno della morte di Lester per AIDS.

Contributes portraits to George Christy's (left) column for *Hollywood Reporter*, "The Great Life".

Realizza ritratti per la rubrica di George Christy (a sinistra) "The Great Life" sull'*Hollywood Reporter*.

Directs on video tape a low-budget documentary for South American TV on *Behind-the-scenes Hollywood*. Photographs Karen Black, John Schlesinger, Max Von Sydow, and Alfred Hitchcock. Gets lighting advice from Hitchcock.

Per la South American TV dirige *Behind-the-scenes Hollywood* (*Hollywood dietro le quinte*), un documentario a basso costo. Fotografa Karen Black, John Schlesinger, Max Von Sydow e Alfred Hitchcock. Quest'ultimo gli dà consigli sull'uso delle luci.

Classes with Jan Kadar (*A Shop on Main Street*), montage inventor, Slavko Vorkapich. Left: Jan Kadar with Roman Polanski.

Frequenta le lezioni di Jan Kadar (*A Shop on Main Street*), Slavko Vorkapich, ideatore del montaggio. A sinistra: Jan Kadar con Roman Polanski.

1977

1978

Awarded M.F.A. from AFI. Fellow graduates include Martin Brest, Stuart Cornfeld, Amy Heckerling, Marshall Herskovitz, Pierre Joassin, Peter Jungk, John McTiernan, Dali Okby, Carel Struycken, Ron Underwood and Edward Zwick. Lasting friendships with Cornfeld and Jungk.

L'AFI gli attribuisce il Master in Fine Arts. Fra i suoi compagni di corso vi sono Martin Brest, Stuart Cornfeld, Amy Heckerling, Marshall Herskovitz, Pierre Joassin, Peter Jungk, John McTiernan, Dali Okby, Carel Struycken, Ron Underwood e Edward Zwick. Durevole amicizia con Cornfeld e Jungk.

June 18. Married to Karin Sanders in Stone Ridge, New York.

Il 18 giugno, a Stone Ridge, nello stato di New York, sposa Karin Sanders.

Works on independent films and shoots for *Interview Magazine* and *The Hollywood Reporter*. Left, Greenfield-Sanders and Cher.

Lavora a film in proprio e scatta foto per *Interview Magazine* e *The Hollywood Reporter*. A sinistra: Timothy Greenfield-Sanders e Cher.

Oscar producer Allan Carr arranges backstage view of Academy Awards. Left: Jack Nicholson

Allan Carr, produttore della cerimonia degli Oscar, commissiona a Greenfield-Sanders le foto del backstage degli Academy Awards. Nella foto: Jack Nicholson.

Buys 1905 antique 11 x 14 Fulmer and Schwing view camera. Commitment to portraiture deepens.

Acquista una vecchia macchina fotografica, una Fulmer and Schwing 11 x 14 pollici, del 1905. Intensifica il suo impegno nella ritrattistica.

1978

1979

Begins Abstract Expressionist photo series with help from artist, father-in-law, Joop Sanders, founding member of the Abstract Expressionist movement. Left: Milton Resnick.

Con l'aiuto del suocero, l'artista Joop Sanders, inizia una serie di ritratti di espressionisti astratti, movimento di cui Sanders era stato uno dei fondatori. Nella foto a sinistra: Milton Resnick.

Returns to New York in June. Purchases Rectory of the German Roman Catholic Church of St. Nicholas in East Village for home and studio.

In giugno ritorna a New York. Acquista la canonica di St. Nicholas, una chiesa cattolica tedesca nell'East Village, e ne fa la propria casa e studio.

Daughter Isca born October 6, 1978.

Il 6 dicembre 1978 nasce la figlia Isca.

Life Magazine commissions shoot with Orson Welles and John Huston.

Life Magazine gli commissiona foto di Orson Welles e John Huston.

1980

Poet Mark Strand sits for portrait. Strand sees Abstract Expressionists series, calls photography dealer Marcuse Pfeifer who offers one-person show in New York.

Il poeta Mark Strand posa per un ritratto. Strand vede la serie degli espressionisti astratti e contatta il mercante d'arte Marcuse Pfeifer, il quale propone una mostra personale di Greenfield-Sanders a New York.

Orson Welles portrait published as Soho News Centerfold. Shoots, Aaron Copland, Quentin Crisp, Erté, GoGo's, Joan Jet (left), Ultra Violet, Treat Williams, Animal X.

Il ritratto di Orson Welles è pubblicato sulle due pagine centrali del Soho News. Ritrae Aaron Copland, Quentin Crisp, Erté, GoGo's, Joan Jet (nella foto), Ultra Violet, Treat Williams, Animal X.

Elin Von Spreckelson and Gerald Marzorati propose to Timothy Greenfield-Sanders an Emerging Artists series for Soho News. Portraits include David Hammons, Julian Schnabel, Cindy Sherman, Laurie Simmons, Sandy Skogland, Ann Sperry, and Donald Sultan.

Elin Von Spreckelson e Gerald Marzorati propongono a Timothy Greenfield-Sanders una serie intitolata Emerging Artists per Soho News. La serie comprende ritratti di David Hammons, Julian Schnabel, Cindy Sherman, Laurie Simmons, Sandy Skogland, Ann Sperry e Donald Sultan.

Visits Elaine and Willem de Kooning's East Hampton studios with Joop Sanders.

Con Joop Sanders visita gli studi di Elaine e Willem de Kooning a East Hampton.

1981

Photographs John Huston for *American Film Magazine*.

Fotografa John Huston per *American Film Magazine*.

New York Times art critic Hilton Kramer (left) writes about *New York Artists of the Fifties in the Eighties*, "this show is something of an historic event—and a moving one, too, for anyone who has lived through the period that it recalls."

Parlando di *New York Artists of the Fifties in the Eighties* Hilton Kramer (nella foto a sinistra), critico del *New York Times*, scrive: "Questa mostra è un evento storico – ma anche commovente per chiunque abbia vissuto il periodo che documenta".

First one-person exhibition, *New York Artists of the Fifties in the Eighties*, at Marcuse Pfeifer Gallery, New York. Ruth and Richard Shack first collectors. Left: Larry Rivers.

Prima mostra personale, *New York Artists of the Fifties in the Eighties*, alla Marcuse Pfeifer Gallery di New York. Primi collezionisti: Ruth e Richard Shack. A sinistra: Larry Rivers.

Begins new series, *Art Critics*. Right, Rene Ricard.

Comincia una nuova serie, *Art Critics*. Nella foto a destra: Rene Ricard.

Daugter Liliana born on October 10th.

Il 10 ottobre nasce la figlia Liliana.

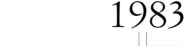

Photographs art critic Robert Pincus-Witten (left). Close friendship begins with Pincus-Witten and his friend Leon Hecht.

Fotografa il critico d'arte Robert Pincus-Witten (a sinistra). Ha inizio una stretta amicizia con Pincus-Witten e con Leon Hecht, amico di quest'ultimo.

1982

Meets artist William Wegman and his dog Man Ray. First of many portraits.

Conosce l'artista William Wegman e il suo cane Man Ray. Al primo ritratto ne seguiranno molti altri.

Meets artist David Wojnarowicz, who remains friend until death from AIDS in 1992.

Conosce l'artista David Wojnarowicz che gli rimane amico fino al 1992, anno in cui muore per AIDS.

Art Critics exhibition opens at Marcuse Pfeifer Gallery. Robert Rosenblum remarks "the women look like they're ascending to heaven" and the men "like they are anchored to earth." Ruth and Richard Shack continue to collect. Above: Elizabeth Baker, editor *Art in America*.

Inaugurazione della mostra *Art Critics* alla Marcuse Pfeifer Gallery. Robert Rosenblum osserva: "Si ha l'impressione che le donne ascendano al Cielo" e che gli uomini "siano ancorati sulla terra". Ruth e Richard Shack continuano a collezionare sue foto. Nella foto in alto: Elizabeth Baker, editor di *Art in America*.

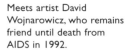

1983

First portrait of Francesco Clemente. Beginning of friendship and many portraits of him and family. Right, Alba Clemente.

Ritrae Francesco Clemente; diventano amici. Ritrarrà lui e la sua famiglia numerose volte. Nella foto a destra: Alba Clemente.

Jack Boulton (left), curator for Chase Bank, sits for portrait and purchases photographs for Chase Bank collection. Boulton dies of AIDS in 1987.

Jack Boulton (a sinistra), amministratore della Chase Bank, posa per un ritratto e acquista foto per la collezione della banca. Boulton muore per AIDS nel 1987.

1983

During Sunday walks with family meets East Village artists: Judy Glantzman (above), Keith Haring, Doug Milford, Philip Pocock, Rick Prol, Walter Robinson, Dean Savard, Kenny Scharf, Rhonda Zwillinger etc.

Durante le passeggiate domenicali con la famiglia conosce gli artisti dell'East Village: Judy Glantzman (nella foto), Keith Haring, Doug Milford, Philip Pocock, Rick Prol, Walter Robinson, Dean Savard, Kenny Scharf, Rhonda Zwillinger, ecc.

Sits for Philip Pearlstein portrait. Watercolor on paper, 22 1/2 x 15 1/2 inches.

Posa per un ritratto di Philip Pearlstein, un acquerello su carta, 57,15 x 39,37 cm.

1984

Vibrant new art scene in East Village as storefront galleries remain open Sundays. Above: Gracie Mansion, gallerist.

Nell'East Village esplode, vibrante, la nuova scena artistica. Le gallerie delle zone commerciali rimangono aperte di domenica. Sopra: Gracie Mansion, gallerista.

1985

Weekly lunches with Karin, Pincus-Witten and various artists at "Brunetta's." Writes monthly restaurant reviews for *East Village Eye* as Brillat-Savarin Greenfield-Sanders. Left: Mike Bidlo.

Pranzi settimanali da "Brunetta's" con Karin, Pincus-Witten e vari artisti. Firmandosi "Brillat-Savarin Greenfield Sanders" scrive ogni mese recensioni di ristoranti per l'*East Village Eye*. A sinistra: Mike Bidlo.

Shoots *New Irascibles* series of East Village art world. Photographs exhibited at Marcuse Pfeifer Gallery and collected by Chase Manhattan Bank. *Arts Magazine* cover with diary text by Robert Pincus-Witten.

Realizza *New Irascibles*, la serie di ritratti relativa al mondo artistico dell'East Village. Le fotografie vengono esposte alla Marcuse Pfeifer Gallery e collezionate dalla Chase Manhattan Bank. Realizza la copertina di *Arts Magazine*, che include anche un testo di Robert Pincus-Witten scritto in forma di diario.

Meets artist Peter Halley at his *International With Monument* gallery opening. Beginning of close friendship with Halley.

Conosce l'artista Peter Halley alla vernice della sua mostra *International With Monument*. Diventano grandi amici.

1986

Through artist Mark Kostabi (above) and journalist Hiroko Tanaka introduced to Rei Kawakubo, of *Comme Des Garçons*. Kawakubo commissions photographs of TG-S's art world friends wearing her clothes. First fashion/portraits. Long association with CDG and publicist Marion Greenberg.

L'artista Mark Kostabi (nella foto in alto) e il giornalista Hiroko Tanaka lo presentano a Rei Kawakubo di *Comme Des Garçons*. Kawakubo commissiona foto degli amici di Greenfield-Sanders appartenenti al mondo artistico, vestiti con abiti *Comme Des Garçons*. Realizza i primi ritratti del mondo della moda. Avvia una lunga collaborazione con CDG e con la pubblicitaria Marion Greenberg.

Photographs MacArthur fellow Kirk Varnedoe. Begins long friendship with him and artist Elyn Zimmerman, his wife.

Fotografa Kirk Varnedoe, membro della MacArthur Foundation. Ha inizio una lunga amicizia con lui e con l'artista Elyn Zimmerman, sua moglie.

CDG series includes Edward Albee (below), John Ashbury, Michael Byron, Willem De Kooning, Peter Halley, Hilton Kramer, Joseph Kosuth, Brice Marden, Will Mentor, Robert Ryman, Julian Schnabel, Mark Strand, and Philip Taaffe etc. Work exhibited at Pfeifer Gallery and collected by Anthony Zunino.

La serie CDG include tra gli altri Edward Albee (nella foto), John Ashbury, Michael Byron, Willem de Kooning, Peter Halley, Hilton Kramer, Joseph Kosuth, Brice Marden, Will Mentor, Robert Ryman, Julian Schnabel, Mark Strand, Philip Taaffe. Le opere vengono esposte alla Pfeifer Gallery e collezionate da Anthony Zunino.

1987

June 13 1987. To commemorate its 30th anniversary, Leo Castelli Gallery exhibits *New York Artists of the 50's in the 80's*. Castelli produces limited edition book, text by Robert Pincus-Witten.

13 giugno 1987. Per celebrare i trent'anni di attività la Leo Castelli Gallery espone *New York Artists of the 50's in the 80's*. Castelli fa pubblicare, in tiratura limitata, un libro con testo di Robert Pincus-Witten.

Sits for portrait by Francesco Clemente. Watercolor on paper, 20 x 14 inches.

Posa per un ritratto realizzato da Francesco Clemente, un acquerello su carta, 50,8 x 35,56 cm.

1988

With the encouragement of Chuck Close, William Wegman and Stephen Frailey, Polaroid provides 3 day "artist's grant" to use the 20 x 24 giant Polaroid camera. Photographs "artists who work with photography" including Close, Wegman, Frailey, Ellen Carey (above), Barbara Kruger, Annette Lemieux, Sherrie Levine, Cindy Sherman, Laurie Simmons, and Mike and Doug Starns. Sherman and Carey portraits go to MOMA's collection. Beginning of close friendships with Annette Lemieux and Mike and Doug Starn.

Su sollecitazione di Chuck Close, William Wegman e Stephen Frailey, la Polaroid offre un'"artist's grant" (una sovvenzione per artisti) di tre giorni per usare la Polaroid per formato gigante 20 x 24 pollici. Greenfield-Sanders fotografa "artisti che lavorano con la fotografia", fra cui Close, Wegman, Frailey, Ellen Carey (sopra), Barbara Kruger, Annette Lemieux, Sherrie Levine, Cindy Sherman, Laurie Simmons e Mike & Doug Starn. I ritratti di Sherman e Carey entrano nella collezione del MoMA. Stringe amicizia con Annette Lemieux e con Mike & Doug Starn.

Mary Boone exhibition of first 20 x 24 color Polaroids. Right: Barbara Kruger, artist.

Espone le prime Polaroid a colori 20 x 24 pollici alla Mary Boone Gallery. Nella foto a destra: Barbara Kruger, artista.

Boone show coverage includes Edith Newhall for *New York Magazine* and Richard Johnson (below) for *New York Post's* "Page 6". Begins relationship with photo ad reps Bill Stockland and Maureen Martel.

La mostra alla Mary Boone Gallery comprende il ritratto di Edith Newhall scattato per il *New York Magazine* e di Richard Johnson (nella foto) per "Page 6" del *New York Post*. Inizia un contatto con Bill Stockland e Maureen Martel, esperti di fotografia pubblicitaria.

1988

Shoots Barney's *NY Times Magazine* ad series of celebrities. Above: Jeremy Irons.

Fotografa personaggi celebri per le pubblicità di Barney sul *NY Times Magazine*. Nella foto: Jeremy Irons.

Exhibits *Comme des Garçons* photos at Zeit-Foto Gallery in Tokyo. Above: Philip Taaffe, artist.

Espone le foto realizzate per *Comme des Garçons* alla Zeit-Foto Gallery di Tokyo. Nella foto: l'artista Philip Taaffe.

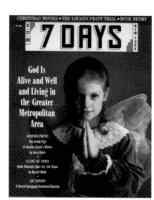

Works with 7 Days Magazine, Adam Moss and Lucy Schulte.

Lavora per la rivista *7 Days*, con Adam Moss e Lucy Schulte.

1989

James Danziger (above left) shows Polaroids to *London Times Magazine* art director Michael Rand, in New York for *Mirabella* startup. Begins association with Rand, Suzanne Hodgart, and Grace Mirabella.

James Danziger (nella foto in alto a sinistra) mostra le Polaroid di Greenfield-Sanders a Michael Rand, art director del *London Times Magazine*; verranno utilizzate per il lancio di *Mirabella* a New York. Comincia la collaborazione con Rand, Suzanne Hodgart e Grace Mirabella.

Bill Katz (below) arranges portrait of Jasper Johns with Merce Cunningham and John Cage for *Dancers on a Plane* exhibition at Anthony D'Offay Gallery in London. Beginning of close friendship with Katz.

Bill Katz (sotto) fa incontrare Jasper Johns, Merce Cunningham e John Cage. La foto verrà esposta alla mostra *Dancers on a Plane* alla Anthony D'Offay Gallery di Londra. Inizia una stretta amicizia con Katz.

1989

Meets artist Taro Chiezo (above) who organizes 1990 exhibition at Marimura Art Museum in Tokyo. Catalogue with text by Robert Pincus-Witten.

Conosce l'artista Taro Chiezo (nella foto), che nel 1990 organizza una mostra di Greenfield-Sanders al Marimura Art Museum di Tokyo. Il catalogo è introdotto da un testo di Robert Pincus-Witten.

Photographs Polaroid portrait series for General Atlantic. Begins friendship with art collector Ed Cohen (above).

Realizza una serie di ritratti Polaroid per la General Atlantic. Diviene amico del collezionista Ed Cohen (nella foto).

Art Dealer Thomas Ammann collects artist portraits.

Il mercante d'arte Thomas Ammann colleziona i suoi ritratti di artisti.

1990

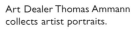

First *New York Times Magazine* cover.

Prima copertina del *New York Times Magazine*.

London Times Magazine's Michael Rand commissions 20 x 24 Polaroid series of British art dealers. Anthony D'Offay Gallery arranges additional British artworld portraits: Michael Andrews, Frank Auerbach, Matt Collishaw, Angus Fairhurst, Gilbert and George, Damian Hirst, R. B. Kitaj, Richard Long, Bridget Riley, David Sylvester, and Nicholas Serota (above).

Michael Rand del *London Times Magazine* commissiona la serie di Polaroid 20 x 24 pollici relativa ai mercanti d'arte britannici. La Anthony D'Offay Gallery ordina altri ritratti di personaggi del mondo artistico britannico: Michael Andrews, Frank Auerbach, Matt Collishaw, Angus Fairhurst, Gilbert and George, Damien Hirst, R. B. Kitaj, Richard Long, Bridget Riley, David Sylvester e Nicholas Serota (nella foto).

1991

Photographs Demetrio Paparoni (left). Begin friendship and collaboration with Paparoni and *Tema Celeste Magazine*. Paparoni instrumental in introducing work to Italian public.

Fotografa Demetrio Paparoni (nella foto). Prendono avvio l'amicizia e la collaborazione con Paparoni e la rivista *Tema Celeste*. Paparoni fa conoscere l'opera di Greenfield-Sanders al pubblico italiano.

Polaroid portrait of Cindy Sherman (below) included in Chuck Close's *Artist Choice* exhibition at Museum of Modern Art.

Il ritratto Polaroid di Cindy Sherman (sotto) viene incluso nella mostra *Artist Choice* di Chuck Close al Museum of Modern Art.

Works in 20 x 24 Polaroid on Steven Spielberg's *Hook*, with Dustin Hoffman and Robin Williams, with coordination by Tony Seininger and David Guilburt.

Con il coordinamento di Tony Seininger e David Guilbert scatta ritratti Polaroid 20 x 24 pollici durante le riprese del film di Steven Spielberg *Hook* (*Capitan Uncino*) con Dustin Hoffman e Robin Williams.

American Masters' Susan Lacy introduces work to Marla Price, director of Modern Art Museum of Ft. Worth. Exhibition at Modern Art Museum Ft. Worth with catalogue text by Robert Pincus-Witten. Right: Meyer Vaisman.

Susan Lacy di *American Masters* presenta il lavoro di Greenfield-Sanders a Marla Price, direttore del Modern Art Museum di Ft. Worth. Espone al Modern Art Museum di Ft. Worth. Il catalogo è introdotto da un testo di Robert Pincus-Witten. Nella foto, Meyer Vaisman.

Eli Broad (right) collects portraits for his art foundation in Los Angeles.

Eli Broad (nella foto a destra) raccoglie vari ritratti di Greenfield-Sanders per la sua fondazione artistica di Los Angeles.

1992

Begins portrait series at American Academy of Arts and Letters. Portraits include Anne Beattie (above left), Vija Celmins, E.L. Doctorow, William Gaddis, Michael Graves, John Guare (above right), Arthur Miller, Stephen Sondheim, Mark Strand, Mark di Suvero, John Updike.

Inizia la serie di ritratti all'American Academy of Arts and Letters. Tra questi Anne Beattie (sopra, a sinistra), Vija Celmins, E.L. Doctorow, William Gaddis, Michael Graves, John Guare (sopra, a destra), Arthur Miller, Stephen Sondheim, Mark Strand, Mark di Suvero, John Updike.

1993

Travels often to Asia and Europe for Nancy Novogrod's *Travel and Leisure Magazine*. Stories on Rei Kawakubo's Tokyo and Jil Sander's Hamburg. Art world portraits continue. Below: Brian D'Amato, writer, James Meyer, art historian, Andrew Solomon, writer.

Fa frequenti viaggi in Asia ed Europa per il Travel and Leisure Magazine di Nancy Novogrod. Realizza "storie" sulla Tokyo di Rei Kawakubo e l'Amburgo di Jil Sander. Continuano i ritratti del mondo artistico. Sotto: Brian D'Amato, scrittore; James Meyer, storico dell'arte; Andrew Solomon, scrittore.

1994

Proposes *Best Buddies* series to *GQ Magazine*. Subjects include Ethan Hawke and Jonathan Sherman, Calvin Klein and David Geffen (above), and Lou Reed and Penn Jillette. Beginning of close friendship with Lou Reed.

Propone la serie Best Buddies a GQ Magazine. Fra i soggetti vi sono Ethan Hawke e Jonathan Sherman, Calvin Klein e David Geffen (nella foto in alto), Lou Reed e Penn Jillette. Inizia una stretta amicizia con Lou Reed.

Begins "Portrait Diary" for *Cover Magazine*. Works with poet/editor Jeffrey Wright. Above: Todd Oldnam, designer.

Inizia "Portrait Diary" per Cover Magazine. Lavora con l'editor/poeta Jeffrey Wright. Nella foto: Todd Oldnam, designer.

1994

L'Uomo Vogue fashion portraits in Key West. Shoots uncle, David Wolkowsky, on his island, Balast Key.

Per L'Uomo Vogue realizza una serie di ritratti a Key West. Ritrae lo zio, David Wolkowsky, sulla sua isola di Balast Key.

White House photo session with Hillary Clinton.

Seduta fotografica con Hillary Clinton alla Casa Bianca.

1995

Life Magazine portrait series includes Christopher Reeve, Tom Hanks, Jim Lovell, Martina Navratilova (below).

La serie di ritratti per Life Magazine include Christopher Reeve, Tom Hanks, Jim Lovell, Martina Navratilova (nella foto).

1996

Joins *index Magazine* as contributing editor. Above: Tina Lyons, writer.

Entra nello staff di index Magazine come contributing editor. Nella foto: Tina Lyons, scrittrice.

Begins portrait series of *American Fashion Designers* (above: Donna Karan) coordinated by Council of Fashion Designers of America and Fern Mallis.

Comincia la serie di ritratti *American Fashion Designers* (nella foto: Donna Karan) in collaborazione con il Council of Fashion Designers of America (Consiglio degli stilisti americani) e con Fern Mallis.

1996

Idea to make short film on Lou Reed using TG-S's video footage leads to directing/producing feature film with Susan Lacy's (left) PBS American Masters Series.

Decide di realizzare un cortometraggio su Lou Reed utilizzando materiale video già girato. Curerà personalmente la regia/produzione di un film per l'*American Masters Series* di Susan Lacy (a sinistra) per la PBS.

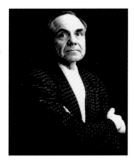

Father dies in Miami, Florida.

Muore il padre a Miami, Florida.

Meets priest/art curator Friedhelm Mennekes (right) through artist James Brown. Mennekes curates portrait exhibition at Kunst-Station Sankt Peter, Cologne. Catalogue by Condé Nast Germany and Wolf Hoffmann with essay by Peter Halley.

Attraverso l'artista James Brown conosce Friedhelm Mennekes (a destra), sacerdote e *art curator*. Mennekes cura la mostra dei suoi ritratti alla Kunst-Station Sankt Peter di Colonia. Il catalogo, edito da Condé Nast Germany e Wolf Hoffmann, contiene un saggio di Peter Halley.

Visits Venice with Lou Reed. Meets Eric Anderson, Mark Leyner, Jay McInerney and Fernanda Pivano.

Visita Venezia con Lou Reed. Incontra Eric Anderson, Mark Leyner, Jay McInerney e Fernanda Pivano.

1996

Works with Ike Ude's (above) *Arude Magazine* as contributing photographer.

Collabora come fotografo all'*Arude Magazine* di Ike Ude (nella foto).

Art Dealer Hiram Butler's introduction to Robert Littman leads to retrospective exhibition at Centro Cultural Arte Contemporáneo, Mexico City.

Il mercante Hiram Butler lo presenta a Robert Littman; ne deriva una retrospettiva al Centro Cultural Arte Contemporáneo di Città del Messico.

1997

Films Lou Reed and Robert Wilson's *Time Rocker* in Amsterdam for Lou Reed film.

Ad Amsterdam riprende *Time Rocker* di Lou Reed e Robert Wilson per il film su Lou Reed.

Conducts 35 interviews for Reed film with David Bowie, David Byrne John Cale, Jim Carroll, Ronnie Cutrone, Joe Dallasandro, George DiCaprio, Jonas Mekas, Thurston Moore, Lee Rinaldo, Lisa Robinson, Mick Rock, Stephen Shore, Patti Smith, Maureen Tucker (above), Kirk Varnedoe, Holly Woodlawn etc. Beginning of friendship with Cutrone.

Per il film su Lou Reed realizza 35 interviste, tra cui quelle con David Bowie, David Byrne, John Cale, Jim Carroll, Ronnie Cutrone, Joe Dalessandro, George DiCaprio, Jonas Mekas, Thurston Moore, Lee Rinaldo, Lisa Robinson, Mick Rock, Stephen Shore, Patti Smith, Maureen Tucker (nella foto), Kirk Varnedoe, Holly Woodlawn. Diviene amico di Ronnie Cutrone.

1998

World première of *Lou Reed: Rock and Roll Heart* at Sundance Film Festival. European première at Berlin Film Festival. New York première at the Museum of Modern Art. Above: Lou Reed and Laurie Anderson.

Prima mondiale di *Lou Reed: Rock and Roll Heart* al Sundance Film Festival. Prima europea al festival cinematografico di Berlino. Prima newyorkese al Museum of Modern Art. Nella foto, Lou Reed e Laurie Anderson.

Begins *Palm Pilot Polaroid* series.

Inizia la serie *Palm Pilot Polaroid*.

Works with Tommy Hilfiger (left) on Polaroid portrait series.

Collabora con Tommy Hilfiger (a sinistra) per una serie di ritratti Polaroid.

Vaclav Havel White House State Dinner photographs published in *index Magazine*.

Le sue fotografie del pranzo ufficiale di Vaclav Havel alla Casa Bianca vengono pubblicate su *index Magazine*.

1999

Begins Polaroid portrait series for fashion designer Eileen Fisher (above).

Comincia la serie di ritratti Polaroid per la stilista Eileen Fisher (nella foto).

Photographs Monica Lewinsky for Andrew Morton's book *Monica's Story* and for *Time Magazine* cover.

Ritrae Monica Lewinsky per la copertina del libro di Andrew Morton *Monica's Story* e per la copertina del *Time Magazine*.

Joins masthead of *Vanity Fair and GQ Magazines* as contributing photographer. Left: Van Cliburn, pianist.

Collabora come fotografo con *Vanity Fair* e *GQ Magazine*. A sinistra, il pianista Van Cliburn.

Receives Grammy Award for *Lou Reed: Rock and Roll Heart*. Film travels to over 50 festivals worldwide.

Riceve il Grammy Award per *Lou Reed: Rock and Roll Heart*. Il film è presentato a più di 50 festival in tutto il mondo.

1999

Museum of Modern Art exhibition *Fame After Photography* includes Monica Lewinsky portrait.

La mostra *Fame After Photography* al Museum of Modern Art include il ritratto di Monica Lewinsky.

Exhibition at Mary Boone Gallery, New York. 700 portraits of artists, dealers, critics, collectors and curators. Right: Timothy and Karin Greenfield-Sanders, Mary Boone, Norman Pearlstein and Nancy Friday.

La sua personale alla Mary Boone Gallery di New York presenta 700 ritratti di artisti, mercanti, critici, collezionisti e curatori. A destra: Timothy e Karin Greenfield-Sanders, Mary Boone, Norman Pearlstein e Nancy Friday.

Fotofolio's Julie Galant and Martin Bondell publish *Timothy Greenfield-Sanders: Art World*. Book includes all 700 portraits from Boone exhibition.

Julie Galant e Martin Bondell di *Fotofolio* pubblicano *Timothy Greenfield-Sanders: Art World*. Il libro comprende i 700 ritratti della mostra da Mary Boone.

2000

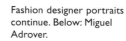

Fashion designer portraits continue. Below: Miguel Adrover.

Continua a ritrarre gli stilisti. Sotto, Miguel Adrover.

Begins using digital cameras on informal occasions. Starts new digital photo column for *index Magazine*, "Timothy's Page". Above: photo by Travis Roozee.

In varie occasioni non formali comincia a usare la macchina digitale. Dà vita alla rubrica di fotografia digitale "Timothy's Page" per *index Magazine*. Sopra: Timothy Greenfield-Sanders in una foto di Travis Roozee.

2000

Museum of Fine Arts, Houston obtains *Art World* set through Neil Kelley donation.
Above: Arthur Danto.

Attraverso la donazione Neil Kelley il Museum of Fine Arts di Houston riesce ad acquistare la serie *Art World*. Nella foto: Arthur Danto.

Italian art dealer Emilio Mazzoli exhibits in Modena about 100 portraits and commissions a new series of portraits of Italian art critics, artists and collectors. The series is published in a catalogue with text by Achille Bonito Oliva. Below, art critic Mariuccia Casadio.

Il mercante d'arte italiano Emilio Mazzoli espone a Modena un centinaio di ritratti. Gli commissiona una serie di ritratti di critici, artisti e collezionisti italiani, che pubblica in un catalogo introdotto da Achille Bonito Oliva. Sotto: Mariuccia Casadio, critico d'arte.

Photographs artists, dealers and critics from Brooklyn art scene.

Fotografa artisti, mercanti e critici della scena artistica di Brooklyn.

2001

Alberico Cetti Serbelloni publishes Timothy Greenfield Sanders' first monograph.

Alberico Cetti Serbelloni pubblica la prima monografia su Timothy Greenfield-Sanders.

MOSTRE PERSONALI
SOLO SHOWS

1981
Marcuse Pfeifer Gallery, New York City, N.Y.
Gallery of Fine Art, Ohio State University, Columbus, Ohio.
Loew Gallery, Syracuse, New York.

1982
Metropolitan Museum and Art Center, Miami, Florida.
Weatherspoon Art Gallery, Greensboro, North Carolina.
Edwin A. Ulrich Museum of Art, Wichita, Kansas.
Arkansas Art Center, Little Rock, Arkansas.
Marcuse Pfeifer Gallery, New York City, N.Y.
Brevard Art Center and Museum, Melbourne, Florida.

1983
Arkansas Art Center, Little Rock, Arkansas.

1984
Drew University Gallery, Drew University, Madison, New Jersey.

1985
Marcuse Pfeifer Gallery, New York City, N.Y.

1986
Gallery of Fine Art, Ohio State University, Columbus, Ohio.

1987
Marcuse Pfeifer Gallery, New York City, N.Y.
Rencontres Internationales de la Photographie, Arle, France.
Main Library, Metro-Dade Cultural Center, Miami, Florida.
Guggenheim Collection, Coral Gables, Florida.
Photo-Forum Gallery, Pittsburgh, Pennsylvania.
Hiram Butler Gallery, Houston, Texas.
Leo Castelli Gallery, New York City, N.Y.

1988
Zeit-Foto, Tokyo.
Mary Boone Gallery, New York City, N.Y.

1989
Greene Gallery, Coral Gables, Florida.

1990
Marimura Art Museum, Tokyo.

1991
Museo d'Arte Moderna e Contemporanea di Trento e Rovereto, Trento, Italy.
Modern Art Museum of Fort Worth, Fort Worth, Texas.

1996
Museum of Design, Leipzig, Germany.
Kunst-Station Sankt Peter, Köln, Germany.

1997
Centro Cultural Arte Contemporáneo, Mexico City, Mexico.

1998
Los Angeles Theater Center, Los Angeles, California.

1999
Reali Artecontemporanea, Brescia, Italy.
Mary Boone Gallery, New York City, N.Y.

2000
Galleria Emilio Mazzoli, Modena, Italy.

MOSTRE COLLETTIVE
GROUP SHOWS

1978
Nuage Gallery, Los Angeles, California.

1981
Marcuse Pfeifer Gallery, New York City, N.Y.

1982
Sarah Lawrence Gallery, Bronxville, New York.

1983
Marcuse Pfeifer Gallery, New York City, N.Y.

1984
P.S. 1, Long Island City, New York.
Gracie Mansion Gallery, New York City, N.Y.
New Math Gallery, New York City, N.Y.
King Street Gallery, New York City, N.Y.
Delahunty Gallery, Dallas, Texas.
University Art Museum, Santa Barbara, California.

1985
Steven Adams Gallery, New York City, N.Y.
Center for Fine Arts, Miami, Florida.

1987
Photo Research Center, Boston, Massachusetts.
Catskill Center for Photography, Woodstock, New York.
Center for Fine Arts, Miami, Florida.
Bess Cutler Gallery, New York City, N.Y.
Bernice Steinbaum Gallery, New York City, N.Y.

1988
Prichard Gallery, University of Idaho, Moscow, Idaho.
Nickel Art Museum, Calgary, Alberta, Canada.
Boston University, Boston, Massachusetts.
Virginia Commonwealth University, Richmond, Virginia.

1989
Bass Museum of Art, Miami, Florida.
Atlanta College of Art, Atlanta, Georgia.
Wustum Museum of Fine Arts, Racine, Wisconsin.
Munson-Williams-Proctor Institute, Utica, New York.
Fairleigh Dickinson College Gallery, Hackensack, New Jersey.
Burden Gallery, Aperture Foundation, New York City, N.Y.

1991
P.S. 122, New York City, N.Y.
Lannan Foundation, Los Angeles, California.
The Museum of Modern Art, New York City, N.Y.
Staley-Wise Gallery, New York City, N.Y.

1992
Southeast Museum of Photography, Daytona Beach, Florida.

1993
Kirkcaldy Museum, Kirkcaldy, Scotland.
North Miami Center of Contemporary Art, Miami, Florida.
Thread Waxing Space, New York City, N.Y.
Southeast Museum of Photography, Daytona Beach, Florida.
Staley-Wise Gallery, New York City, N.Y.
Charles Cowles Gallery, New York City, N.Y.
International Center of Photography, New York City, N.Y.
Center for Photography, Woodstock, New York.
The Drawing Center, New York City, N.Y.

1994
Stichting Foto Manifestate Eindhoven Festival, Eindhoven, The Netherlands.
Friends of Photography, San Francisco, California.
De Kooning in Focus, Arlene Bujese Gallery, East Hampton, New York.
A Positive View, The Saatchi Collection, London, England.

1995
Making Faces, The Hudson River Museum, Yonkers, New York.
Ray Johnson, A Memorial Exhibition, Richard Feigen Gallery, New York City, N.Y.
Dance Ink: Frame by Frame, Lincoln Center, New York City, N.Y.

1996
Antic Meet: Merce Cunningham, Photographic Resource Center, Boston, Massachusetts.
Bravin Post Lee Gallery, New York City, N.Y.
Osaka Takashimaya, Osaka, Japan.
Laforet Harajuku, Tokyo, Japan.
Nihonbashi Mitsukoshi, Tokyo, Japan.
Fukushima Nakagou, Fukushima, Japan.
Nagoya Matsusakaya, Aichi, Japan.
Aomori Virre, Aomori, Japan.

1997
Musée National de la Coopération Franco-Américaine, Château de Blérancourt, Blérancourt, France.
G. Ray Hawkins Gallery, Los Angeles, California.

1998
Takamatsu Mitsukoshi, Kagawa, Japan.
Robert Miller Gallery, New York City, N.Y.

1999
Fame After Photography, The Museum of Modern Art, New York City, N.Y.
Xmas, Kent Gallery, New York City, N.Y.
InStyle, The Soho Triad Gallery, New York City, N.Y.
International Fashion Photography Festival, Mitsukoshi-Nihonbashi, Tokyo; Kobe Fashion Museum, Kobe; Mitsubishi-Jisho Artium, Fukuoka.

COLLEZIONI
COLLECTIONS

The Arkansas Art Center, Little Rock
The Australian National Gallery, Canberra
The Bibliotheque Nationale, Paris
The Broad Foundation, Los Angeles
The Brooklyn Museum of Art, New York
The Chase Manhattan Bank
The Columbia Museum of Art
The Corcoran Gallery of Art, Washington, D.C.
The Detroit Institute of Arts
The International Center of Photography, New York
The Loew Art Museum, University of Miami, Coral Gables
The Metropolitan Museum of Art, New York
The Museum of Fine Art, Boston
The Museum Ludwig, Köln, Germany
The Museum of Modern Art, New York
The National Portrait Gallery, Washington, D.C.
The Portland Art Museum, Oregon
The San Francisco Museum of Modern Art
The University of New Mexico Art Museum, Albuquerque
The Victoria and Albert Museum, London
The Whitney Museum of Art, New York

BIBLIOGRAFIA
BIBLIOGRAPHY

1981
Marzorati, Gerald, "Fifties Revival", Soho News, 23 March.
Kramer, Hilton, "50's Artists in the 80's", The New York Times, 27 March.
Westerbeck, Colin L., "Timothy Greenfield-Sanders: Marcuse Pfeifer Gallery", Artforum, June, p. 93.
Butler, Hiram, "De Kooning and Friends: Downtown in the Fifties", Horizon, June, p. 15-29.

1982
Kohen, Helen, "New York Schoolmates Pose for Family Album", Miami Herald, 28 February.
Schwalberg, Robert, "The Club: Photographs by Timothy Greenfield-Sanders", Camera Arts, March/April, p. 62-73.
Fribourgh, Cindy, "Exhibition Features Faces of Avantgarde Artists", Arkansas Democrat, 2 May.
Ashton, Dore, "Gallery", Avenue, November, p. 93-99.
Anderson, Alexandra, "Critical Mass", Portfolio, November/December, p. 15.
Brenson, Michael, "Art People: 40 Critics Face the Camera", The New York Times, 17 December.
Thornton, Gene, "Two Approaches to the Portrait Genre", The New York Times, 19 December.

1983
Zwingle, Erla, "New Faces 1983", American Photographer, February, p. 56-57.
Hagan, Charles, "Timothy Greenfield-Sanders: Marcuse Pfeifer Gallery", Artforum, March, p. 74.
Karmel, Pepe, "Timothy Greenfield-Sanders at Marcuse Pfeifer Gallery", Art in America, April, p. 182.

1984
Gambaccini, Peter, "Portraiture: Getting to the Top in Photography", Amphoto, p. 85-88.

1985
Pincus-Witten, Robert, "The New Irascibles", Arts Magazine, September, p. 102-110.
Irwin, Bill, "On the Avenue", Avenue, October.
Mc Gill, Douglas C., "Art People", The New York Times, 4 October.
Indiana, Gary, "Timothy Greenfield-Sanders", The Village Voice, 8 October.
Mc Darrah, Fred, "Timothy Greenfield-Sanders", The Village Voice, 29 October.
Bourdon, David, "Sitting Pretty", Vogue, November, p. 108, 116.
Russell, Anne M., "Timothy Greenfield-Sanders", American Photographer, December, p. 13.
Tanaka, Hiroko, "Timothy Greenfield-Sanders, The Club", Photo Japan, December, p. 9, 18, 100-105.

1986
Sturman, John, "Timothy Greenfield-Sanders: Marcuse Pfeifer", Art News, January, p. 133-134.
Pincus-Witten, Robert, "The Collectors", Arts Magazine, February, p. 20-22.
Gordon, Jennifer, "Gracie Mansion", Westuff, February, p. 20-21.
Raynor, Vivien, "Ten", The New York Times, 7 February.
Raynor, Vivien, "Paint-Film", The New York Times, 24 July.
Anderson, Laurel, "Public Exposures/Private Visions", Photo District News, August.

1987
Bob, Paul, "Modern Classic", Connoisseur, April, p. 166.
Russell, Anne M., "Inside Advertising", American Photographer, April, p. 84-86.
Edelson, Sharon, "Fotog shoots artist for fashion's sake", Advertising Age, 6 April, p. 43.
Russell, John, "Art World Photographs", The New York Times, 24 April.
Edelson, Sharon, "Eye of the Beholder", The New York Times, 27 April, p. 36.
Aletti, Vincent, "Timothy Greenfield-Sanders", The Village Voice, 12 May.
Furstenberg, Mark, "Timothy Greenfield-Sanders at Marcuse Pfeifer Gallery", Downtown, 13 May.
Aletti, Vince, "Timothy Greenfield-Sanders", The Village Voice, 30 June.

Austin, Tom, "The portraits of Timothy Greenfield-Sanders", Miami Review, 10 July, p. 7-8.
Cox, Petey, "Artistic Homecoming", Miami Today, 16 July, p. 5.
Kohen, Helen, "Even critics are fair game for photographer", Miami Herald, 19 July.
Mc Gill, Douglas C., "Art People", The New York Times, 24 July.
Ahlander, Leslie Judd, "Timothy Greenfield-Sanders", Miami News, 31 July.

1988
Newhall, Edith, "Blow-ups", New York Magazine, 12 December, p. 25.

1989
Neugroschel, Joachim, "Polaroid Portraits", Downtown, 25 January, cover, p. 10-11.
Decter, Joshua, "New York Review", Arts Magazine, March, p. 95.
Raynor, Vivien, "Photos and Soviet Posters", The New York Times, 3 December.
Aletti, Vincent, "Timothy Greenfield-Sanders", The Village Voice, 20 December.

1991
Edelson, Sharon, "Flash Art", Women's Wear Daily, 15 January, p. 5.
Chiezo, Taro, "Facing up to the faces of art", Bijutsu Techo, February, p. 167-173.
Pincus-Witten, Robert, "Timothy Greenfield-Sanders", Tema Celeste, maggio/giugno, p. 67-69.
Kaplan, Michael, "Timothy Greenfield-Sanders", American Photo, November/December, p. 53-62, 126.
Tyson, Janet, "Cool Portraits of Hot Personalities", Fort Worth Star, 7 December.
Kutner, Janet, "Famous faces in stark spaces", The Dallas Morning News, 26 December.
Johnson, Lizabeth A., "Timothy Greenfield-Sanders", View Camera, March/April, p. 16-24.

1995
Raynor, Vivien, "Making Faces, Fun and Pedagogy at Hudson River Museum", The New York Times, 26 February.

1996
Halley, Peter, "Portraits by Timothy Greenfield-Sanders", Columbia College Today, April 1996, p. 24-27.
Wilms, Hildegard, "Timothy Greenfield-Sanders", Photographie, April, p. 76-81.

1997
Paparoni, Demetrio, "Il sacro fuoco dell'identità/The Holy Fire of Identity", Tema Celeste 65, ottobre/dicembre , p. 39, 99.
Halley, Peter, "Timothy Greenfield-Sanders", Tema Celeste, marzo/aprile, p. 44-46.
Starn, Doug, and Mike Starn, "If I Were Nadar", Tema Celeste, marzo/aprile, p. 47-49.

1998
Grimm, Leigh, "Digital to the Rescue", Studio Photography and Design, October, p. 26-29.
Simmons, Steve, "Timothy Greenfield-Sanders: 20 x 24 Polaroids for Hilfiger", View Camera, November/December, p. 18-20.
Greco, Stephen, "Virtuosity" Arude, Number 10, p. 30-35.

1999
Krampe, Ingrid S, "Art Meets Technology", Professional Photographer Storytellers, January, p. 36-39.
Stucker, Hal, "Bringing 'People' Together", PDN'S PIX, February/March, p. 16.
Columbia, David Patrick, "Timothy Greenfield-Sanders", Avenue, September.
Nathan, Jean, "For 82 Artists, Immortality Is Worth Rising Early", The New York Times, 26 September, Styles Section, p. 2.
Kimmelman, Michael, "Art Club: Twenty Years of Superstars and Shooting Stars", The New York Times Magazine, 24 October, p. 82-83.
Reed, Lou, and Timothy Greenfield-Sanders, "Greenfield-Sanders", Tema Celeste, ottobre, p. 76-81.
Mason, Brook S., "Photography in New York", The Art Newspaper, November, p. 73.

Strand, Mark., "The Art World: Photographs by Timothy Greenfield-Sanders", Art&Auction, 15 November, p. 70-73.
Saltz, Jerry, "Collective-Memory Lane", The Village Voice, 7 December, p. 123.
Kostabi, Mark, "Timothy Greenfield-Sanders", Shout, December.

2000
Gilbert-Rolfe, Jeremy, "A supplementary Note on Assertiveness, Pointlessness, and the Sycophantic", artnet.com, 15 January.
Ude, Ike, "Model Artists", Arude 16, p. 24-29.
Pollack, Barbara, "Timothy Greenfield-Sanders Mary Boone", Artnews, February, p. 163.
Bowman, David, "Art World", Bookforum, Spring, p 11.
Leffingwell, Edward, "Timothy Greenfield-Sanders at Mary Boone", Art in America, May, p. 164.
Leacock, Victoria, "Artist as Celebrity", Smock, Summer, p. 22-23.
McKenzie, Michael, "Making a Photo Masterpiece", Art Business News, November, p.106-107.

Libri e cataloghi di mostra
Books and publications

Pincus-Witten, Robert, The Ninth Street Show, Lumière Press, Toronto 1987.
The Last Decade, American Artists of the 80's, edited by Collins & Milazzo, Tony Shafrazi Gallery, New York 1990. Essays by Robert Pincus-Witten, Collins & Milazzo.
Timothy Greenfield-Sanders, Marimura Art Museum, Taro Chiezo & Shozo Tsurumoto, Tokyo 1990. Text by Robert Pincus-Witten.
American Art of the 80's, edited by Gabriella Belli and Jerry Saltz, Museo d'Arte Moderna e Contemporanea di Trento e Rovereto, Electa 1991.
Timothy Greenfield-Sanders Portraits, Modern Art Museum of Fort Worth, Fort Worth 1991.
After Andy: Soho in the Eighties, Schwarts City, Australia 1995. Text by Paul Taylor.
Timothy Greenfield-Sanders, Selected Portraits, 1985-1995, Kunst-Station Sankt Peter, Köln 1996. Text by Peter Halley.
Paparoni, Demetrio, "Conversazione con Timothy Greenfield-Sanders", in Il corpo parlante dell'arte, Castelvecchi, Roma 1997, p. 146-152.
Greenfield-Sanders, Timothy, Art World, Fotofolio, New York 1999. Texts by Mark Strand, Robert Pincus-Witten, Wayne Koestenbaum.
Timothy Greenfield-Sanders, Galleria Emilio Mazzoli, Modena 2000. Text by Achille Bonito Oliva.

REFERENZE
CREDITS

Andy Warhol's Screen Tests, p. 194: The Andy Warhol Foundation for the Visual Arts, New York.

Cindy Sherman self-portrait, p. 195: Metro Pictures, New York.

Robert Mapplethorpe portrait of Cindy Sherman, p. 195: The Robert Mapplethorpe Foundation, New York.

Bernd and Hilla Becher photographs, p. 24-25: Sonnabend, New York.

Timothy Greenfield-Sanders filming on Lou Reed's concert stage, p. 200: photo by Scott Whittle.

Timothy Greenfield-Sanders and Jasper Johns at 20 x 24 Polaroid Studio, p. 206: photo by John Reuter.

Timothy Greenfield-Sanders at Mary Boone Gallery, p. 209: photo by Travis Roozee.

Timothy Greenfield-Sanders on digital camera, p. 235: photo by Travis Roozee.

L'Editore è a disposizione degli aventi diritto per le eventuali fonti iconografiche non identificate.

Any person claiming to hold the copyright for unidentified photograph sources should contact the publisher.

RINGRAZIAMENTI
ACKNOWLEDGEMENTS

Alberico Cetti Serbelloni Editore ringrazia Francesco Clemente, Jeremy Gilbert-Rolfe, Stephen Greco, Peter Halley, Christina Kelly, Wayne Koestenbaum, Robert Pincus-Witten, Lou Reed, Jerry Saltz, Mike e Doug Starn, Mark Strand per aver autorizzato la riproduzione dei loro testi.

Demetrio Paparoni ringrazia Ed Cohen, Brian D'Amato, Karin Greenfield-Sanders, Robert Pincus-Witten e Lou Reed per i cortesi suggerimenti riguardanti la traduzione inglese del saggio introduttivo, per le loro osservazioni e la generosa collaborazione.

Si ringraziano inoltre: Mary Boone, New York; Davide de Blasio, Napoli; Antonio Homen, Sonnabend Gallery, New York; Luigi Spagnol, Milano.

Alberico Cetti Serbelloni Editore would like to thank Francesco Clemente, Jeremy Gilbert-Rolfe, Stephen Greco, Peter Halley, Christina Kelly, Wayne Koestenbaum, Robert Pincus-Witten, Lou Reed, Jerry Saltz, Mike and Doug Starn, and Mark Strand for their generous permission to reproduce their essays.

Demetrio Paparoni wishes to thank Ed Cohen, Brian D'Amato, Karin Greenfield-Sanders, Robert Pincus-Witten, and Lou Reed for their kind suggestions regarding the English version of the introductory essay and for their additional comments and assistance.

Thanks also to: Mary Boone, New York; Davide de Blasio, Napoli; Antonio Homen, Sonnabend Gallery, New York; Luigi Spagnol, Milano.

Timothy Greenfield-Sanders

A cura di / Edited by
Demetrio Paparoni

Introduzione di / Introduction by
Francesco Clemente

Traduzioni / Translations
Viviana Tonon, Michael Haggerty

Coordinamento redazionale / Editorial coordination
Laura De Tomasi, Viviana Tonon

Art Director
Giacomo Merli

Fotolito / Photolitographer
Galasele, Milano, Italia

Stampa / Printing
Industrie Grafiche Lombarde
Settimo Milanese, Italia

Alberico Cetti Serbelloni Editore
Palazzo Borromeo
piazza Borromeo, 10 – 20123 Milano, Italia
tel. (+39) 02.80.65.17.86/82
fax (+39) 02.80.65.17.40
e-mail: info@acseditore.com

ISBN 88-88098-01-1

Finito di stampare nel mese di marzo 2001 presso le Industrie Grafiche Lombarde, Settimo Milanese, per conto di Alberico Cetti Serbelloni Editore, Milano, Italia